손으로 생각하는 사고력 수학 시리즈

CHALLENGE
챌린지

소마큐브

STEP 2

조이앤에듀

몬스터매스 챌린지의 활용법

 소마큐브를 활용하여 수학의 5대 영역(수와 연산, 도형, 측정, 자료와 가능성, 규칙성)의 내용을 골고루 학습합니다.

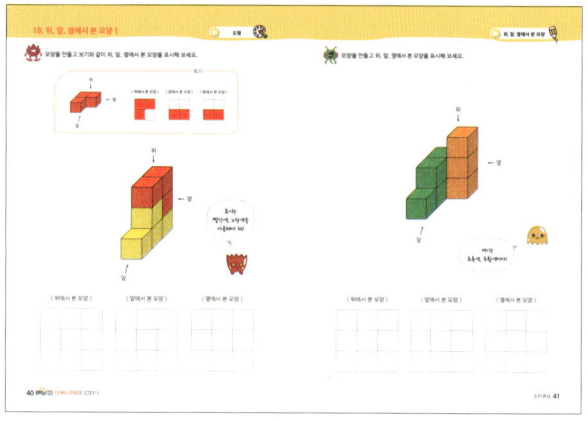

 소마큐브의 수학적 의미에 대한 스토리는 아이들에게 흥미를 이끌어내도록 합니다.

 아이들의 흥미를 위해 놓아보기(🎲), 색칠하기(🎨), 연필로 그려보기(✏️) 등 다양한 활동을 하도록 합니다.

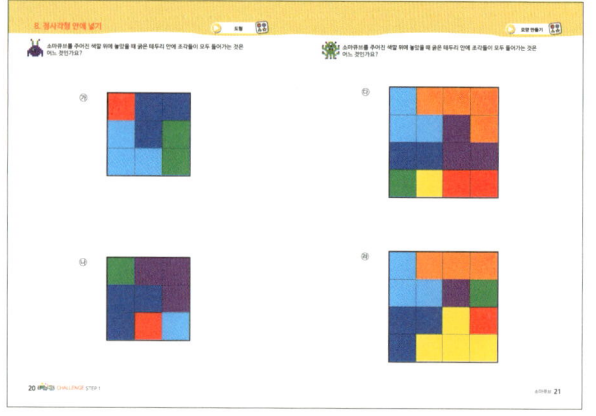

 티칭 가이드를 통해 주제에 따른 학습 내용과 지도에 대한 팁을 활용합니다.

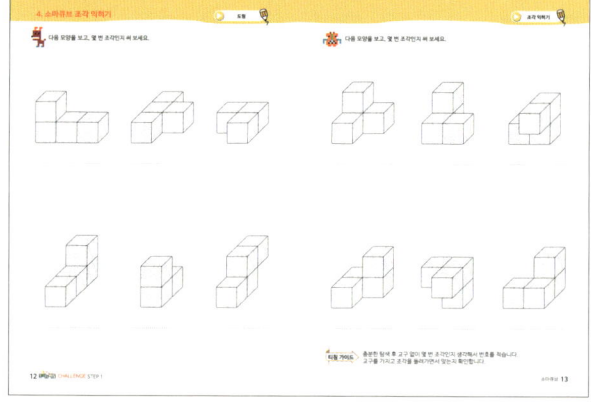

학습효과

1. 수학의 5대 영역에 대하여 폭넓게 익히고, 경험할 수 있습니다.
2. 특히 영재성의 기본인 공간지각력을 키우고, 공간 구조를 익힐 수 있습니다.
3. 어려운 문제를 해결해냄으로써 성취감을 높여줍니다.
4. 문제 해결을 위한 전략적인 사고는 생각하는 힘을 길러줍니다.

CONTENTS

쪽	제목
4	0. 스토리
6	1. 소마큐브 구성 알기
8	2. 소마큐브 조각 익히기 1
10	3. 소마큐브 조각 익히기 2
12	4. 소마큐브 조각 익히기 3
14	5. 1번 조각 사용하여 맞추기
16	6. 2조각으로 만들기
18	7. 조각 놓아보기
20	8. 2, 3조각으로 만들기 1
22	9. 2, 3조각으로 만들기 2
24	10. 같은 모양을 여러 가지 방법으로 만들기 1
26	11. 같은 모양을 여러 가지 방법으로 만들기 2
28	12. 위, 앞, 옆에서 본 모양 1
30	13. 위, 앞, 옆에서 본 모양 2
32	14. 4조각으로 만들기
34	15. 4, 5조각으로 만들기
36	16. 5조각으로 만들기
38	17. 위, 앞, 옆에서 본 모양을 보고 입체 모양 만들기 1
40	18. 높이 높이 탑 쌓기
42	19. 5, 6조각으로 모양 만들기
44	20. 위, 앞, 옆에서 본 모양을 보고 입체 모양 만들기 2
46	정답

소마큐브 이야기

소마큐브는 덴마크의 시인이자 물리학자인
피에트 하인(Piet Hein)이 양자물리학 강의를 듣던 중 고안하게 된 퍼즐입니다.
많은 고민을 하던 피에트 하인은 작은 정육면체 3개 또는 4개를
불규칙하게 붙인 모양 조각 7개를 가지고 커다란 정육면체 모양을
만들 수 있다는 것을 발견했어요.
유심히 모양을 살펴보던 피에트 하인은 이 7개의 조각을 가지고
정육면체뿐만 아니라 여러 가지 재미있는 모양도 만들 수 있었어요.
또 만들다보니 재미있고, 즐거운 상상으로 새롭고 기발한 모양을
만드는 과정이 중독성 있게 느껴졌어요. 이 재미있는 조각에 이름을
붙이기로 생각한 피에트 하인은 헉슬리의 소설 〈멋진 신세계〉의
한 구절을 붙이기로 했습니다. 〈멋진 신세계〉에는 가상 세계의
원주민들이 '소마'라는 풀을 먹었더니 기분이 좋아지고 행복해져서
중독된 것처럼 계속해서 먹게 되었다고 해요.
그래서 이 '소마'라는 풀처럼 조각들이 사람들을 즐겁고 재미있게 하길 바라는
마음에 "소마큐브"라고 이름 붙였답니다.

그럼, 이 소마큐브는 어떤 조각들로 구성되어 있을까요?

피에트 하인은 소마큐브 조각의 이름을 다음과 같이 약속했어요.

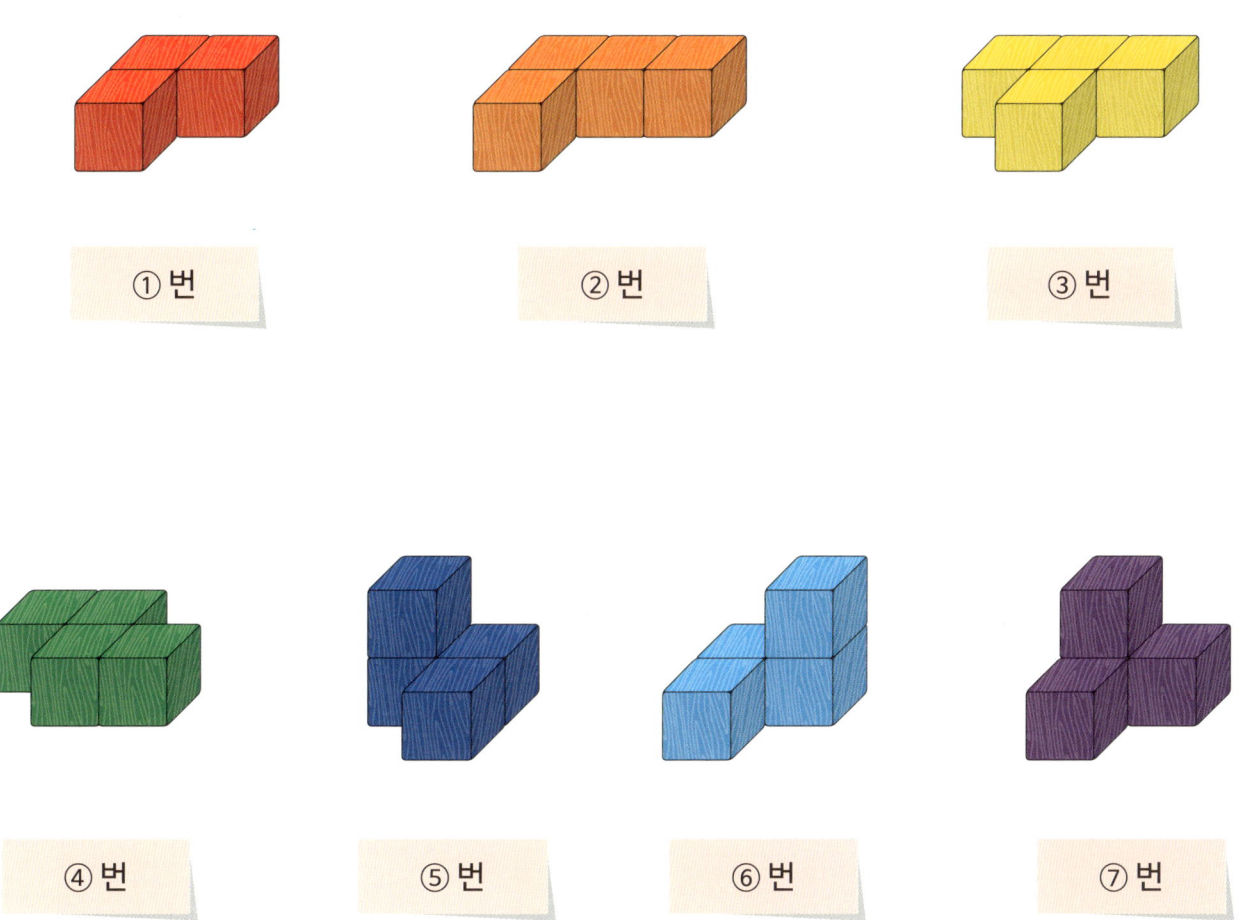

①번 ②번 ③번

④번 ⑤번 ⑥번 ⑦번

1. 소마큐브 구성 알기

 탐색

 소마큐브는 정육면체 모양의 쌓기나무 3개 또는 4개를 다음과 같이 면끼리 붙여 만든 7조각으로 구성되어 있습니다.

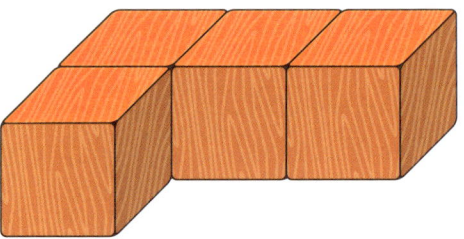

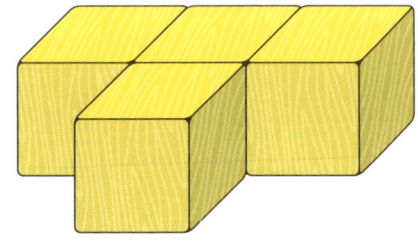

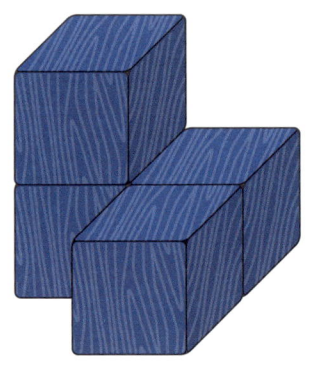

탐색

 소마큐브 각 조각의 이름을 다음과 같이 약속합니다.
다음 모양과 색깔이 같은 조각을 찾아 올려 놓아보세요.

① 번

② 번

③ 번

④ 번

⑤ 번

⑥ 번

⑦ 번

 교구와 함께 있는 숫자 스티커를 붙여주세요.

소마큐브 7

2. 소마큐브 조각 익히기 1

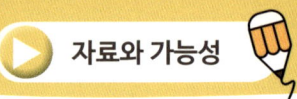

 소마큐브는 정육면체 모양의 쌓기나무 3개 또는 4개를 면끼리 붙여서 만든 7조각으로 이루어져 있어요. 다음 모양 중에서 소마큐브 조각이 아닌 것을 찾아 ○해 보세요.

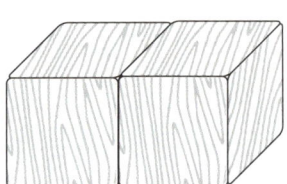
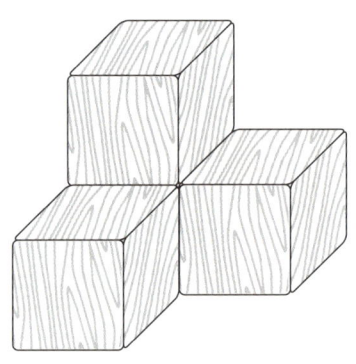
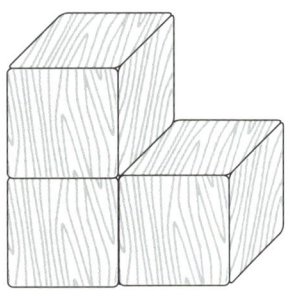
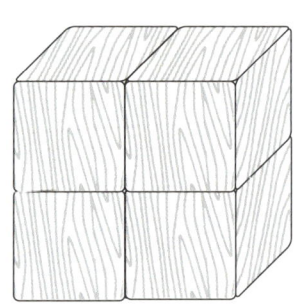

 소마큐브 조각인 것은 이름을 적어볼까?

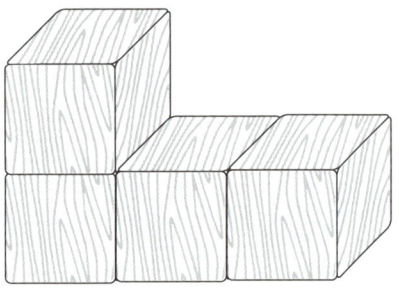
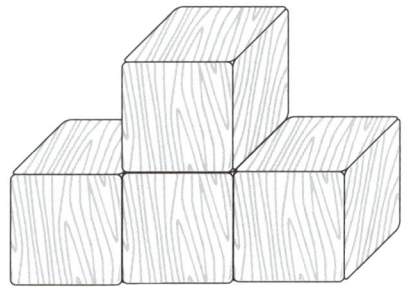

 교구탐색

 소마큐브는 정육면체 모양의 쌓기나무 3개 또는 4개를 면끼리 붙여서 만든 7조각으로 이루어져 있어요. 다음 모양 중에서 소마큐브 조각이 아닌 것을 찾아 ○해 보세요.

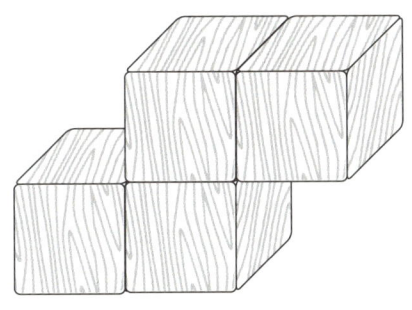 

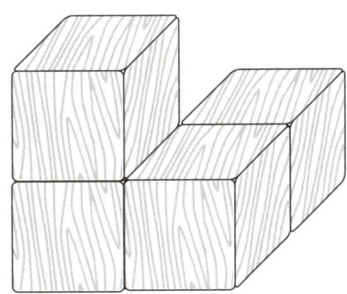

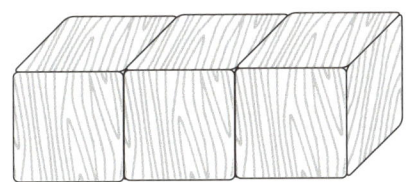 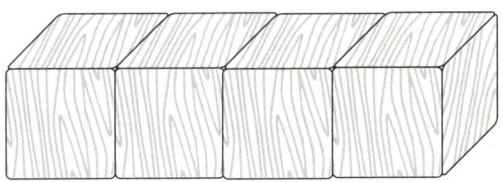

 각 조각들의 이름을 아이와 함께 이야기하며 약속해 봅니다.

3. 소마큐브 조각 익히기 2

 소마큐브 조각을 잘 살펴보세요. 모두 1번 조각에 1개의 쌓기나무를 붙이면 다른 조각 친구가 됩니다. 어떻게 붙이면 될까요? 새롭게 붙인 쌓기나무를 표시해 보세요.

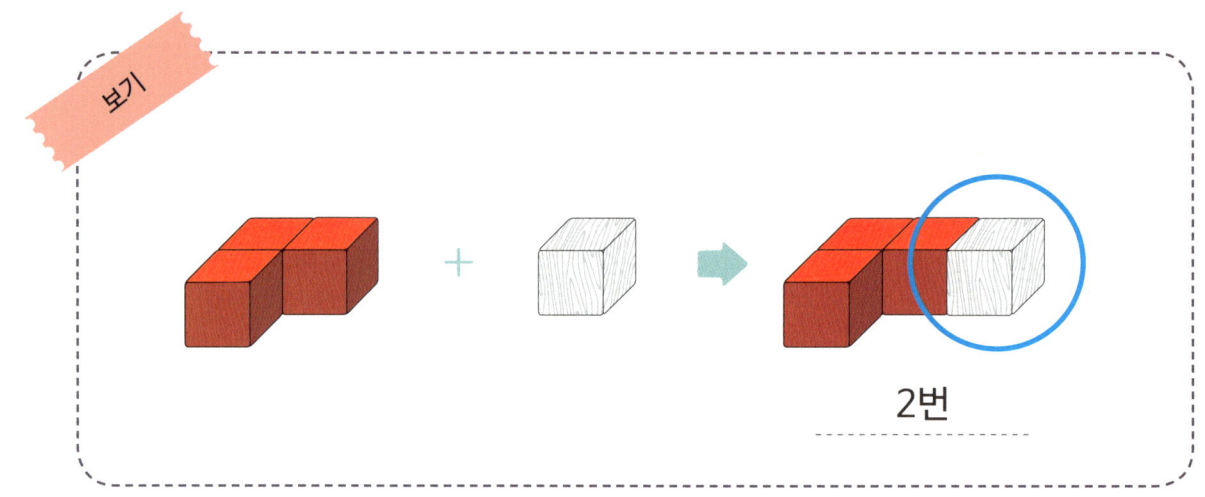

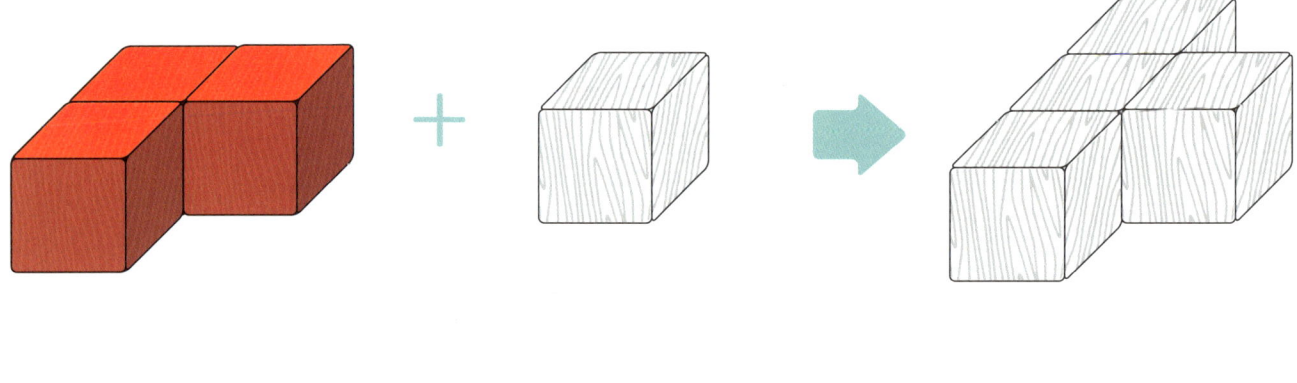

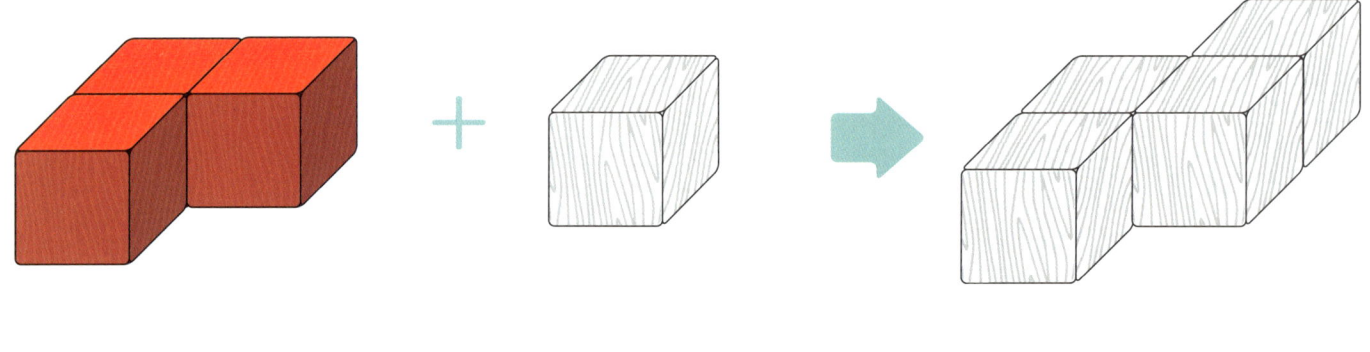

 소마큐브 조각을 잘 살펴보세요. 모두 1번 조각에 1개의 쌓기나무를 붙이면 다른 조각 친구가 됩니다. 어떻게 붙이면 될까요? 새롭게 붙인 쌓기나무를 표시해 보세요.

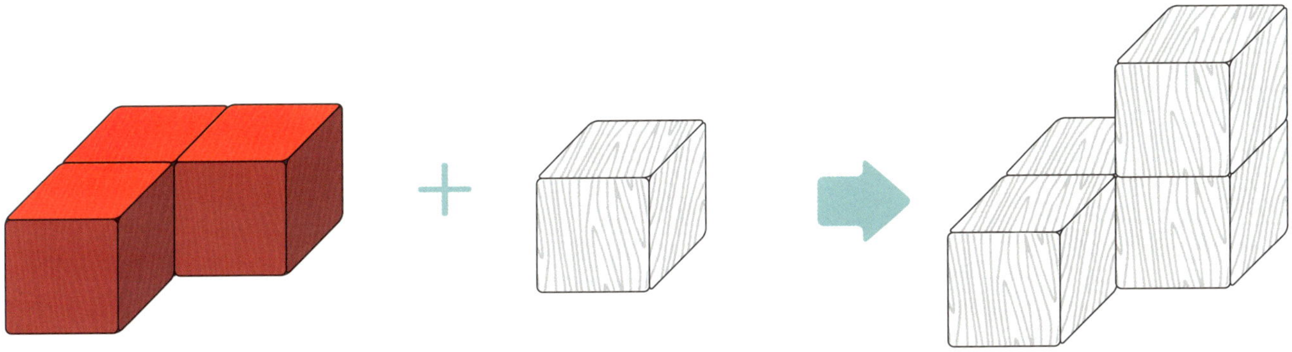

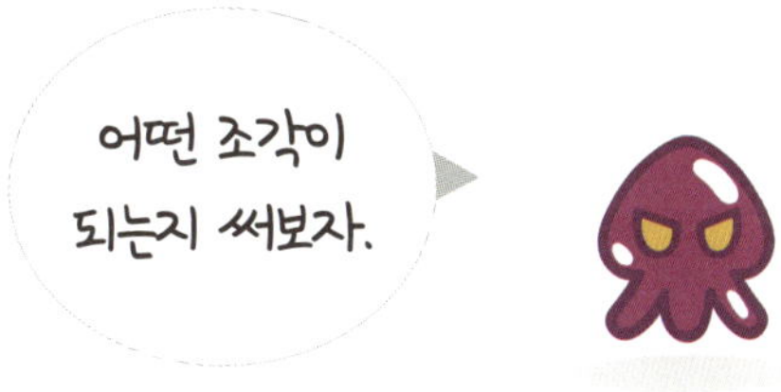

어떤 조각이 되는지 써보자.

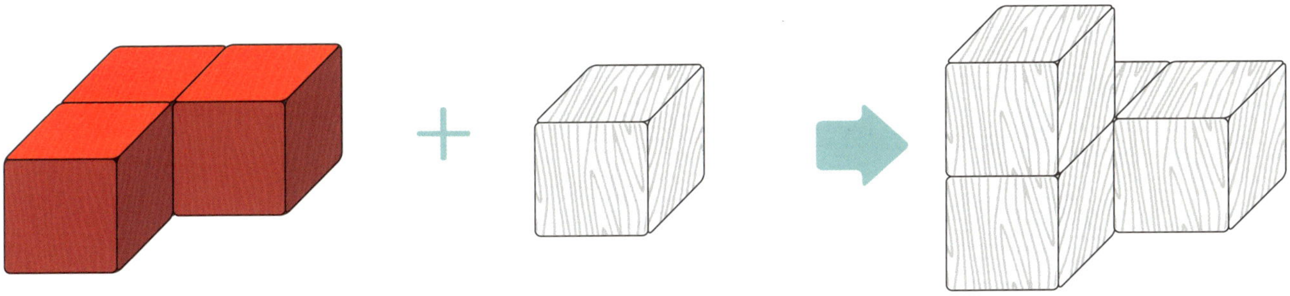

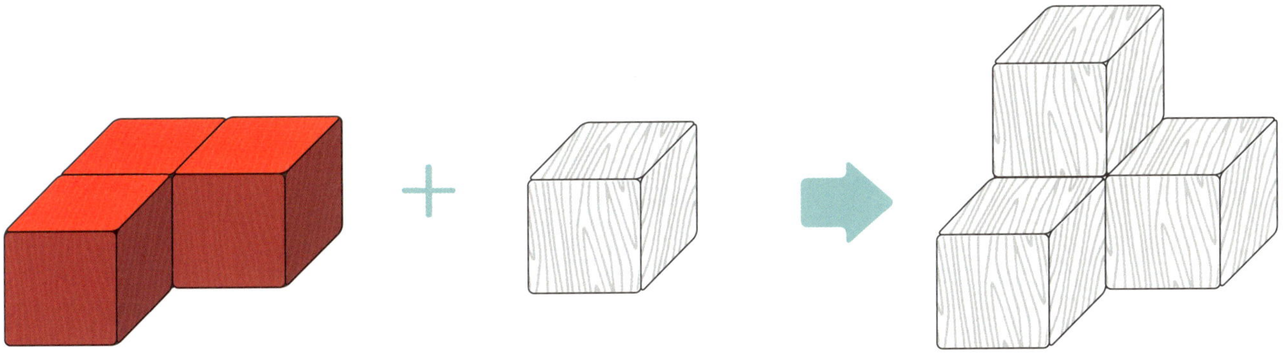

4. 소마큐브 조각 익히기 3

 다음 모양을 보고, 몇 번 조각인지 써 보세요.

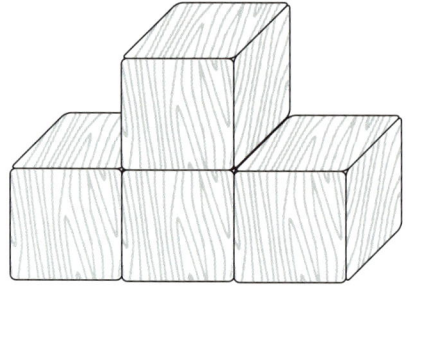

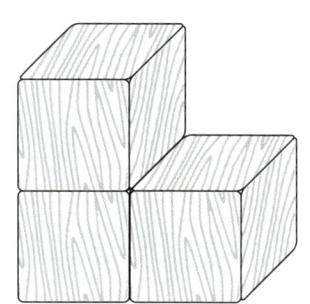

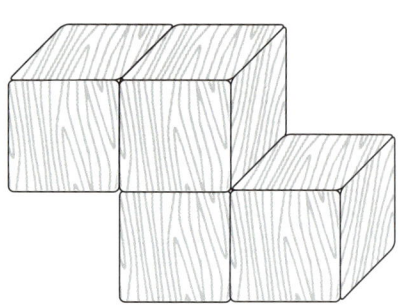

----------------------------   ----------------------------   ----------------------------

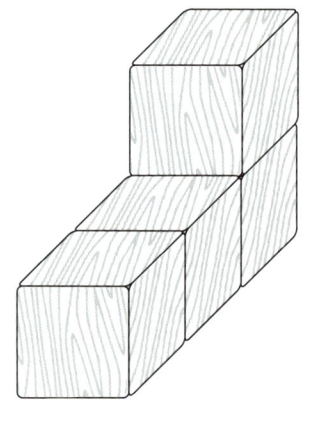

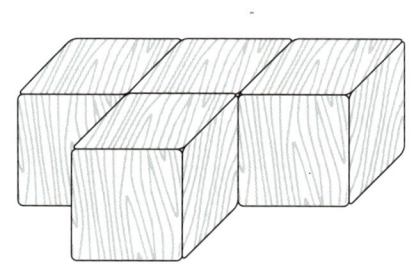

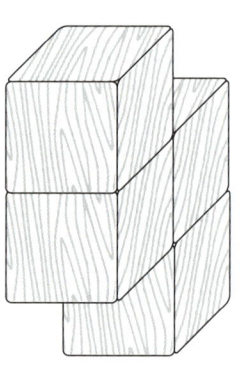

----------------------------   ----------------------------   ----------------------------

 다음 모양을 보고, 몇 번 조각인지 써 보세요.  예상과 확인

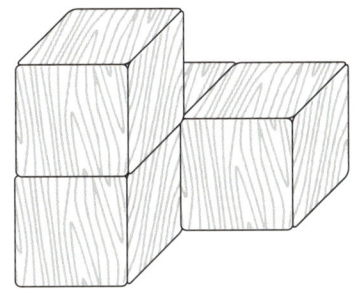

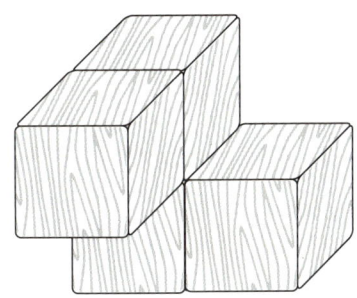

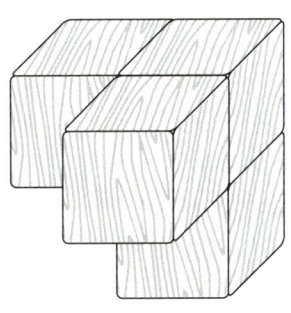

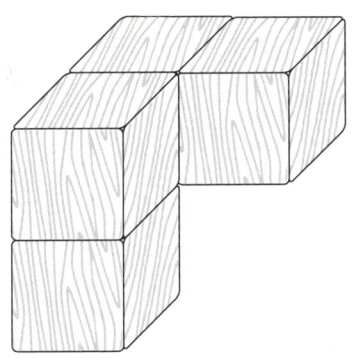

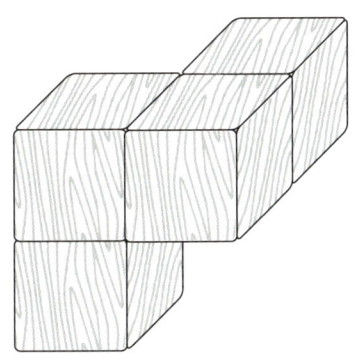

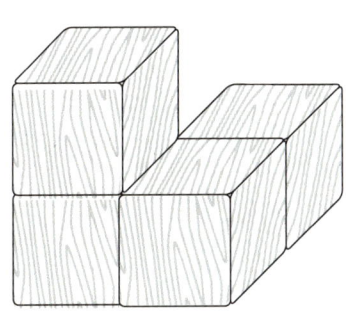

 충분한 탐색 후 교구 없이 몇 번 조각인지 예상해서 번호를 적어 봅니다.
교구를 가지고 조각을 돌려가면서 맞는지 확인합니다.

5. 1번 조각 사용하여 맞추기

 도형

 다음 모양은 1번 조각을 공통으로 모두 사용했어요. 맞춘 후 조각별로 색칠해 보세요.

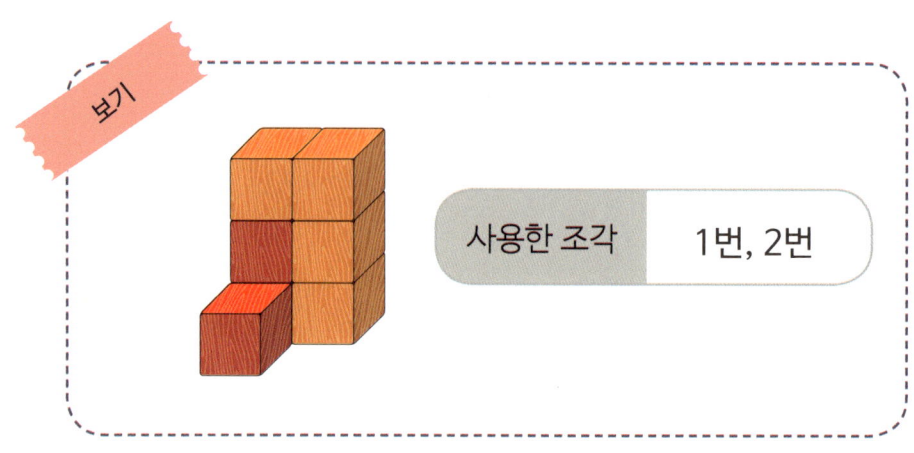

보기

사용한 조각   1번, 2번

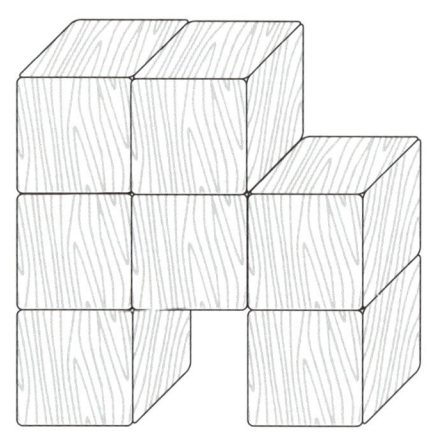

사용한 조각

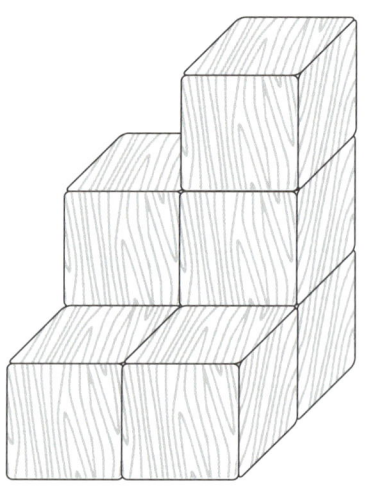

사용한 조각

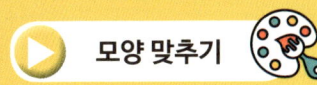 모양 맞추기

다음 모양은 1번 조각을 공통으로 모두 사용했어요. 맞춘 후 조각별로 색칠해 보세요.

사용한 조각

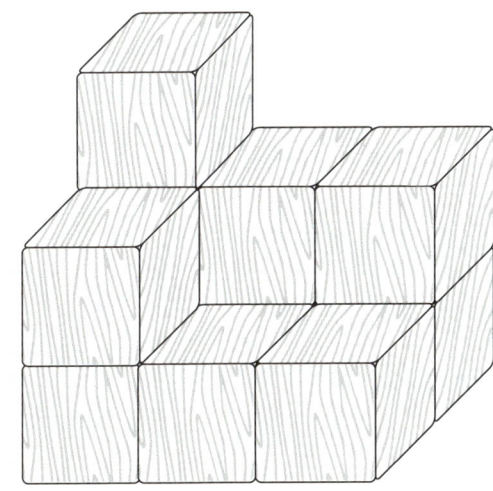

사용한 조각

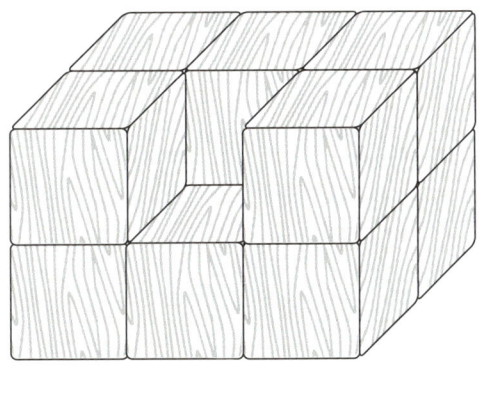

사용한 조각

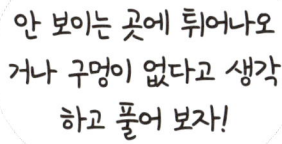
안 보이는 곳에 튀어나오거나 구멍이 없다고 생각하고 풀어 보자!

6. 2조각으로 만들기

 다음 모양을 만드는 데 필요한 쌓기나무의 개수를 구하고, 모양을 맞춘 후 조각별로 색칠해 보세요.

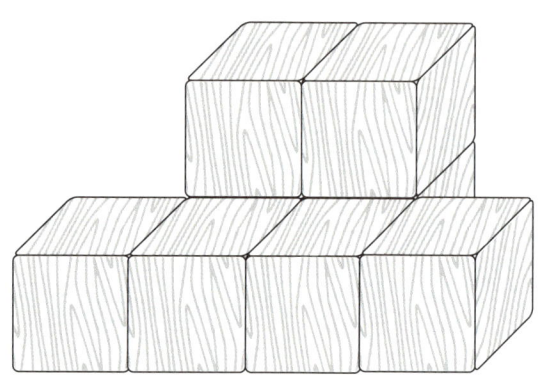

쌓기나무의 개수	
사용한 조각	

쌓기나무의 개수	
사용한 조각	

▶ 모양 맞추기

 다음 모양을 만드는 데 필요한 쌓기나무의 개수를 구하고, 모양을 맞춘 후 조각별로 색칠해 보세요.

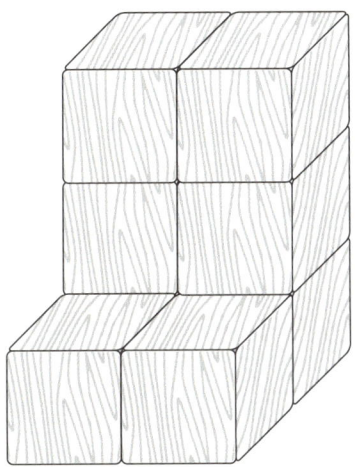

쌓기나무의 개수	
사용한 조각	

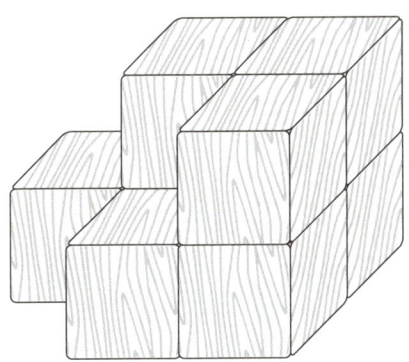

쌓기나무의 개수	
사용한 조각	

 입체 모양을 만들 때, 안 보이는 곳에는 빈 구멍이 없고, 튀어나온 곳도 없다고 약속합니다.

7. 조각 놓아보기

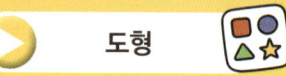

 소마큐브 7조각을 면과 면이 만나도록 하여 모양을 채워보세요. 이때 모든 조각들은 바닥에 한 면이라도 닿아야 하고, 조각들은 눕히거나 세울 수 있으며, 굵은 테두리를 벗어나면 안됩니다.

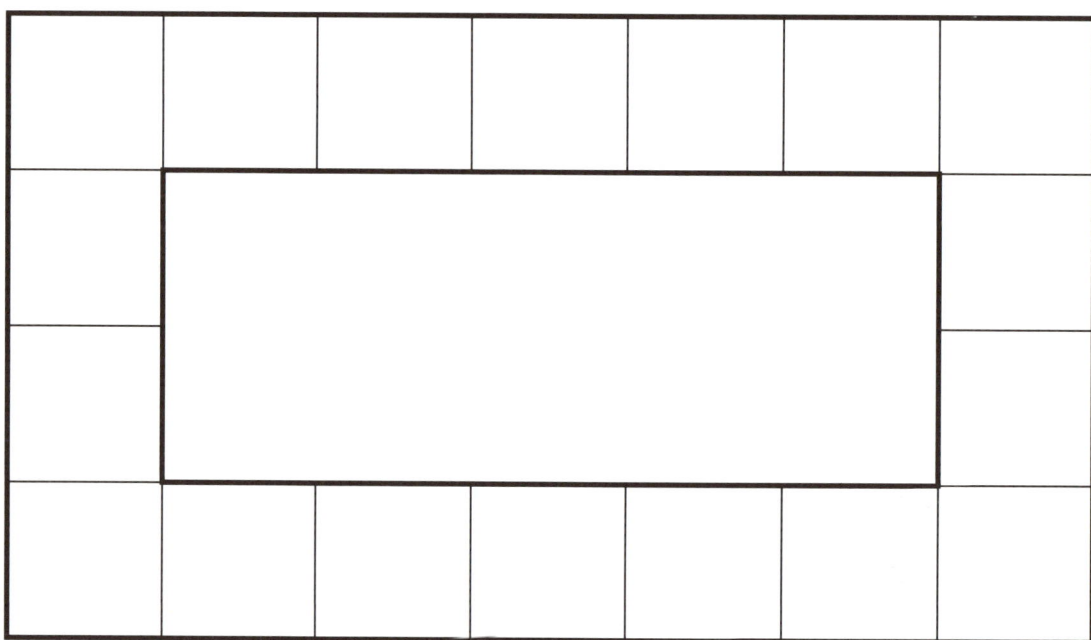

모양 맞추기

 소마큐브 7조각을 면과 면이 만나도록 하여 모양을 채워보세요. 이때 모든 조각들은 바닥에 한 면이라도 닿아야 하고, 조각들은 눕히거나 세울 수 있으며, 굵은 테두리를 벗어나면 안됩니다.

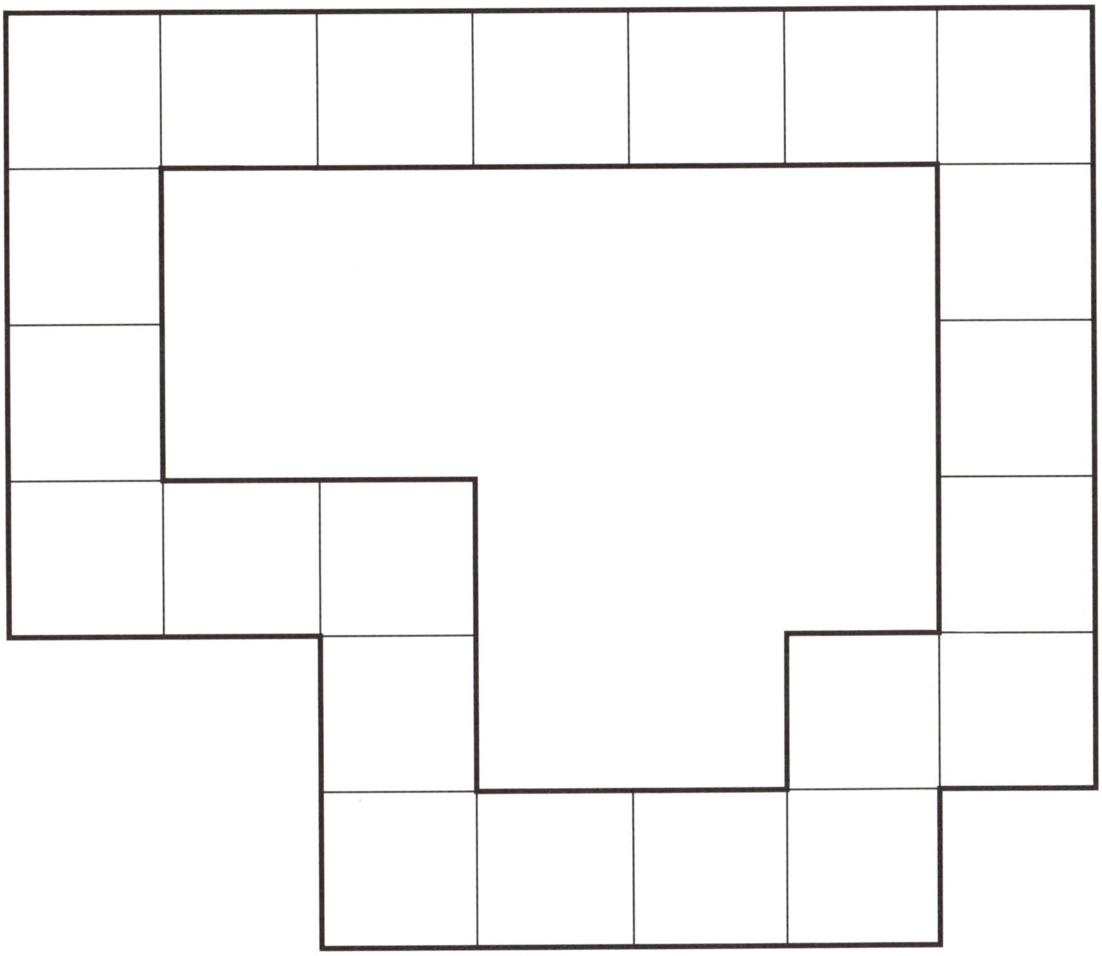

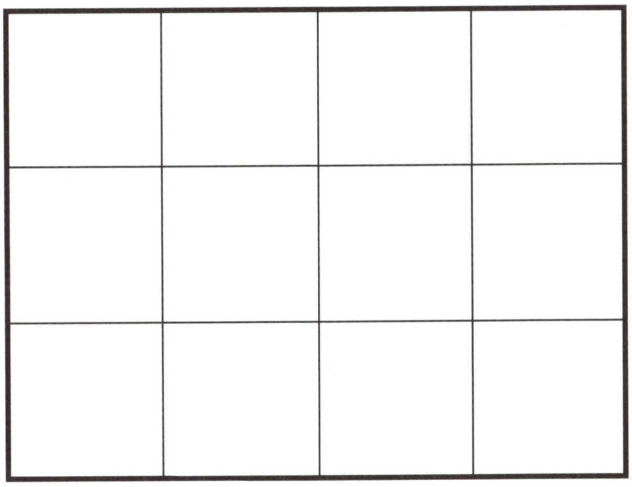

8. 2, 3조각으로 만들기 1

 왼쪽에 주어진 조각으로 만들 수 있는 오른쪽 모양을 찾아 선으로 연결해 보세요.

   •   •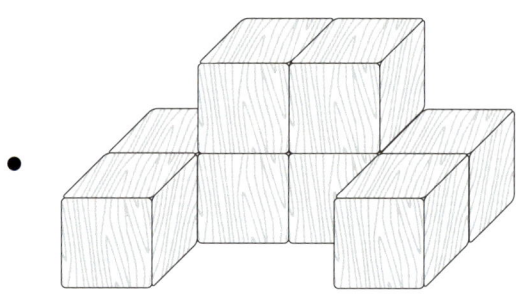

   •   •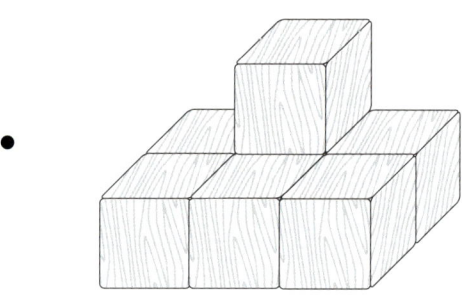

   •   •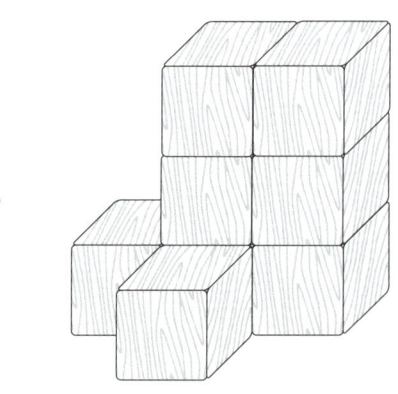

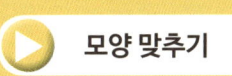

 왼쪽에 주어진 조각으로 만들 수 있는 오른쪽 모양을 찾아 선으로 연결해 보세요.

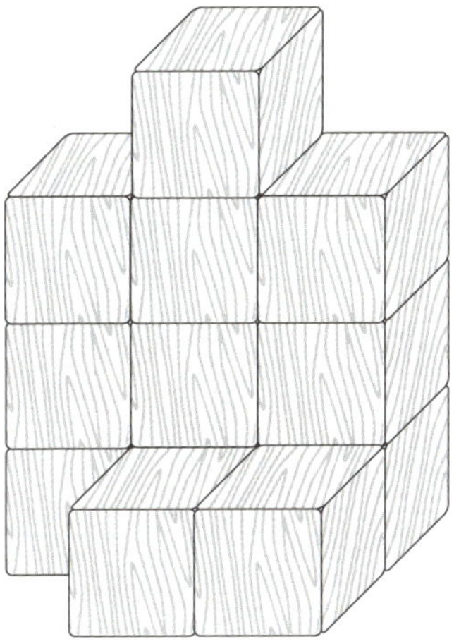

9. 2, 3조각으로 만들기 2

 왼쪽에 주어진 조각으로 만들 수 있는 오른쪽 모양을 찾아 선으로 연결해 보세요.

 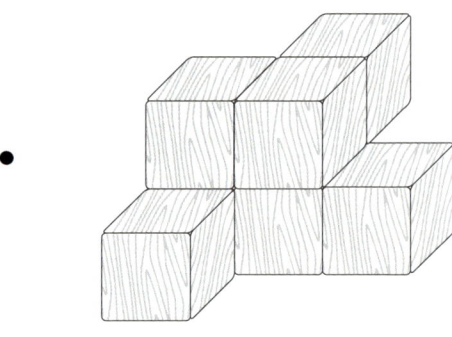

 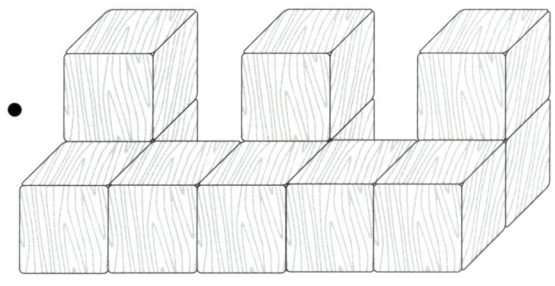

 모양 맞추기

 왼쪽에 주어진 조각으로 만들 수 있는 오른쪽 모양을 찾아 선으로 연결해 보세요.

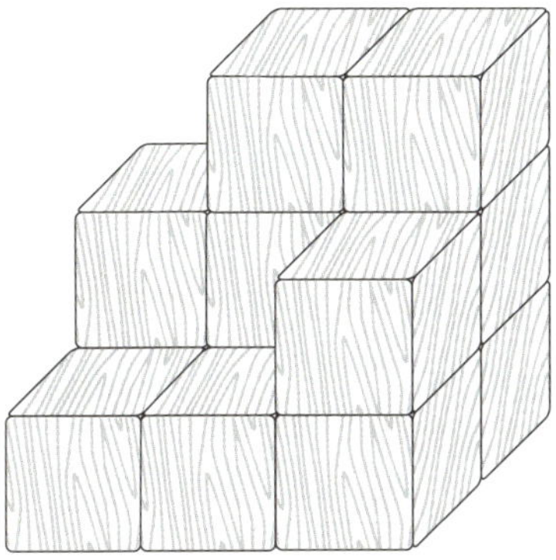

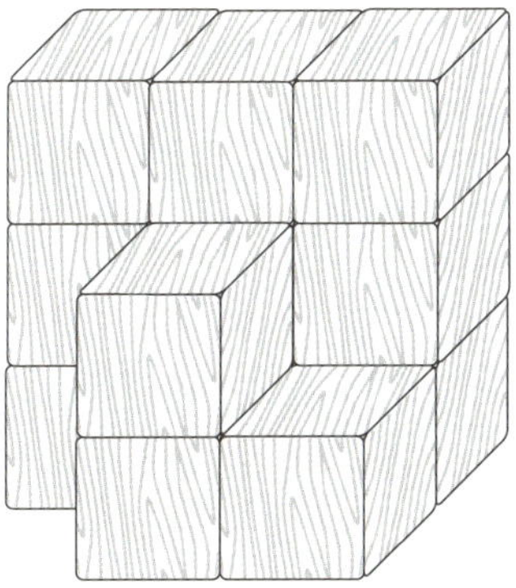

소마큐브 23

10. 같은 모양을 여러 가지 방법으로 만들기 1

 다음 모양을 여러 가지 방법으로 만들어 보세요.

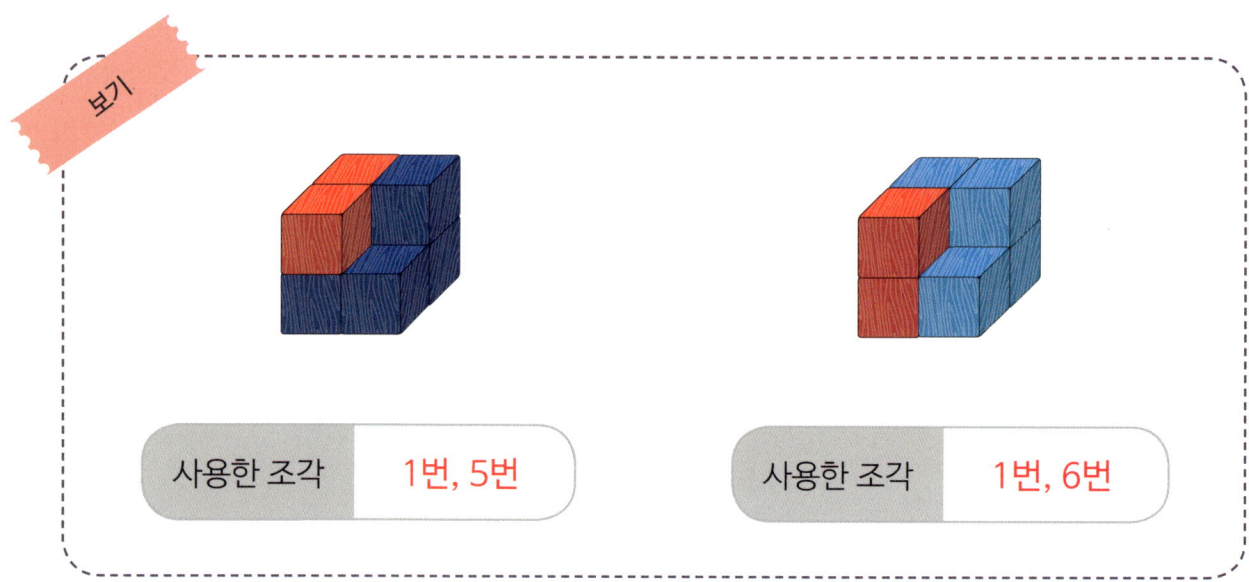

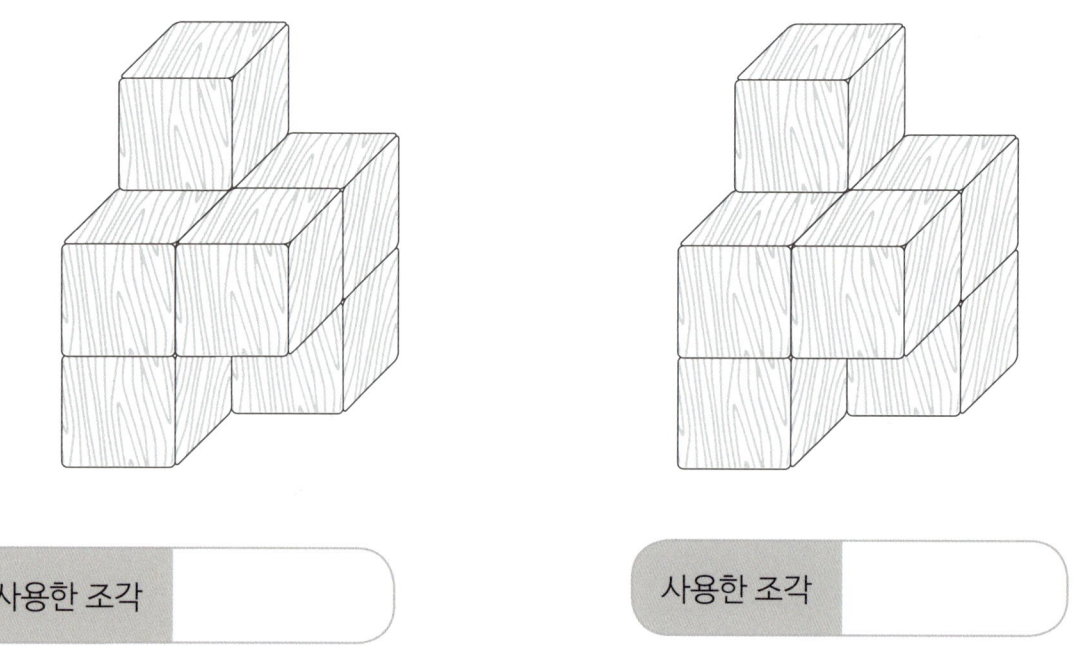

사용한 조각

사용한 조각

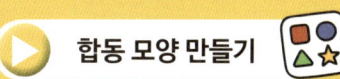 합동 모양 만들기

 다음 모양을 여러 가지 방법으로 만들어 보세요.

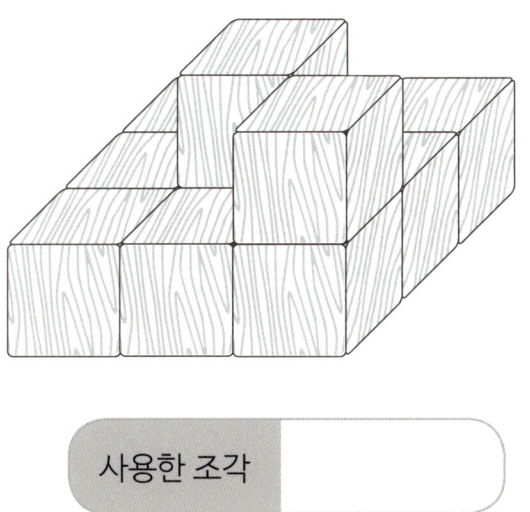

사용한 조각

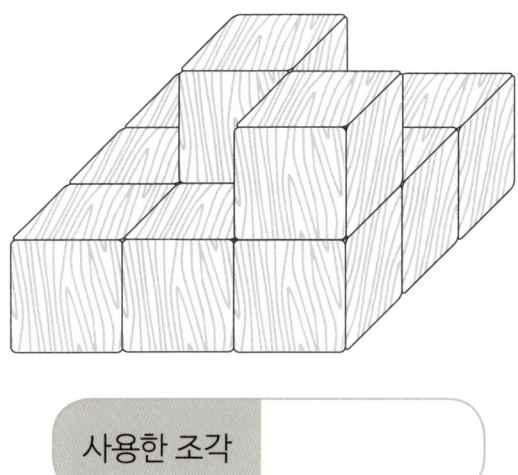

사용한 조각

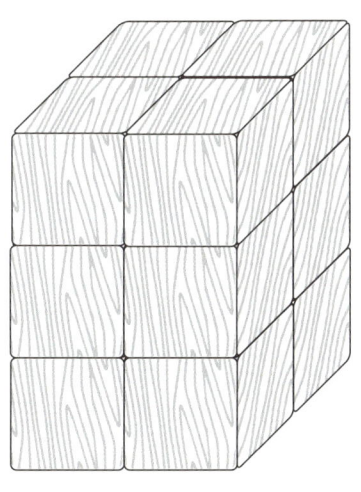

사용한 조각

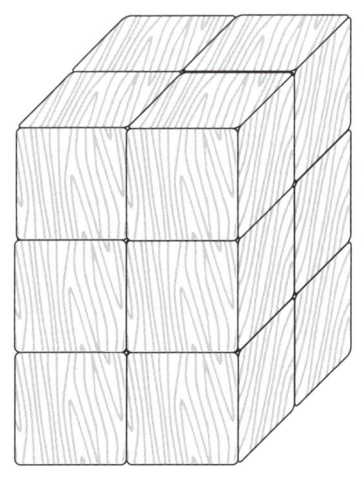

사용한 조각

11. 같은 모양을 여러 가지 방법으로 만들기 2

 다음 모양을 여러 가지 방법으로 만들어 보세요.

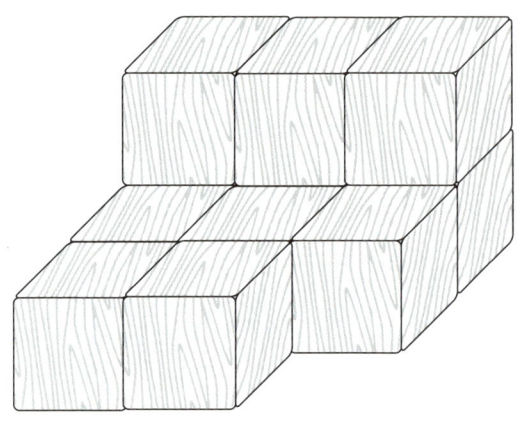

사용한 조각

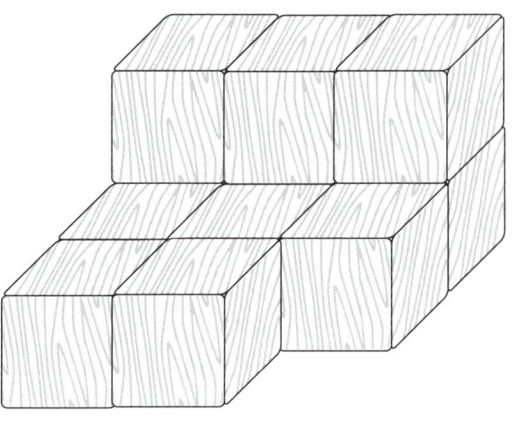

사용한 조각

사용한 조각

사용한 조각

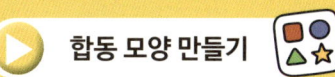 합동 모양 만들기

 다음 모양을 여러 가지 방법으로 만들어 보세요.

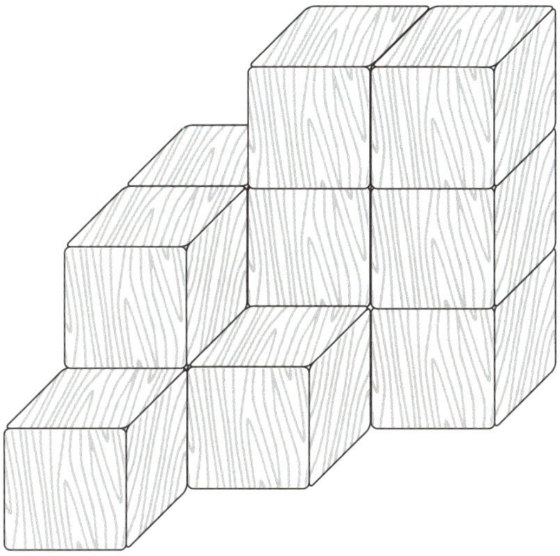

사용한 조각

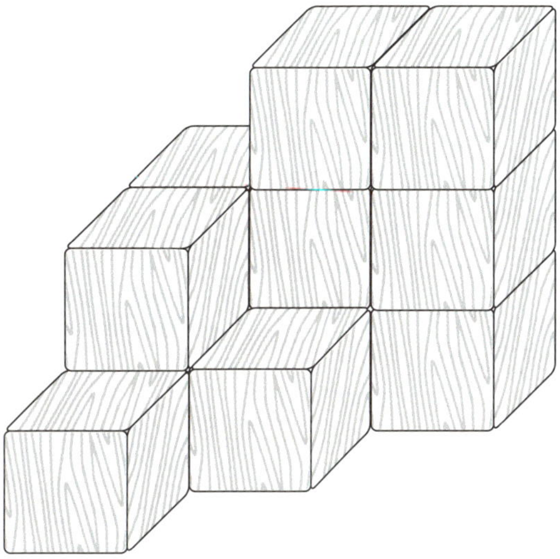

사용한 조각

사용한 조각

사용한 조각

소마큐브 27

12. 위, 앞, 옆에서 본 모양 1

다음은 소마큐브 조각을 위, 앞, 옆에서 본 모양을 표시한 것입니다. 조각별로 표시해 보세요.

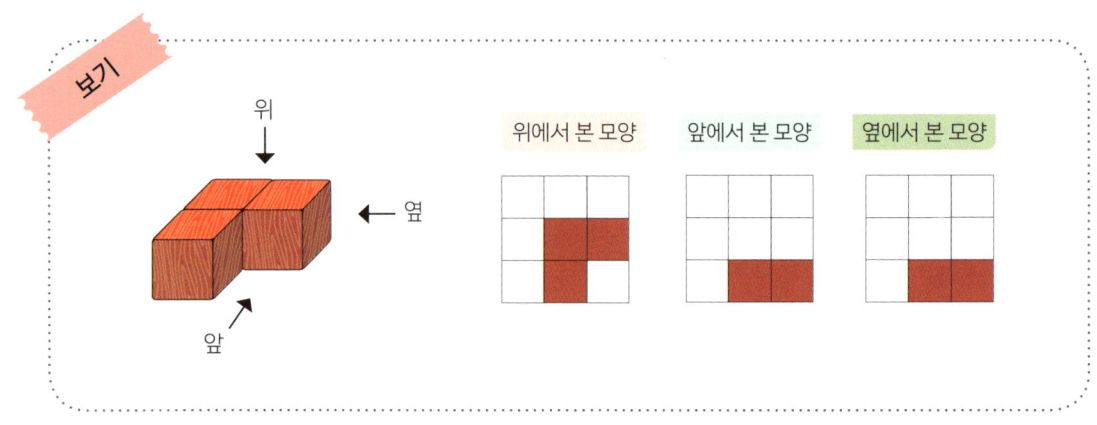

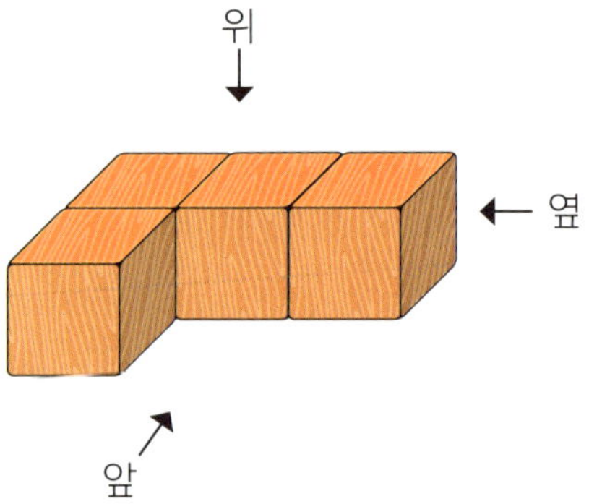

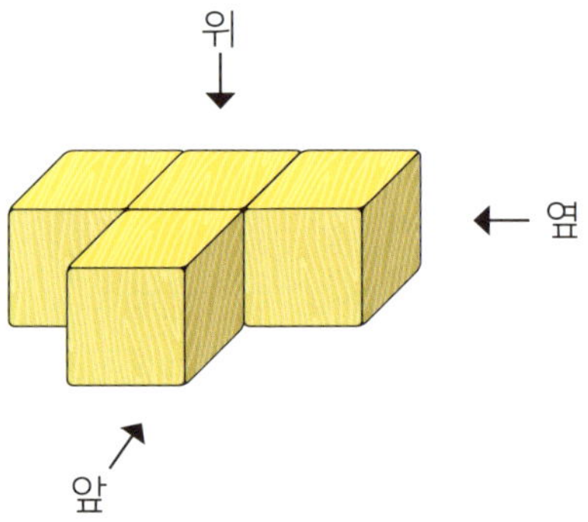

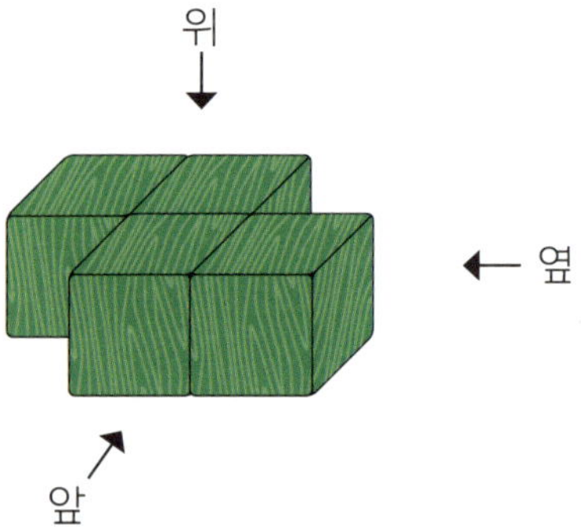

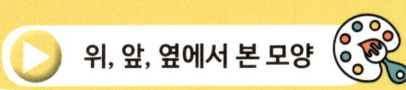 위, 앞, 옆에서 본 모양

 다음은 소마큐브 조각을 위, 앞, 옆에서 본 모양을 표시한 것입니다. 조각별로 표시해 보세요.

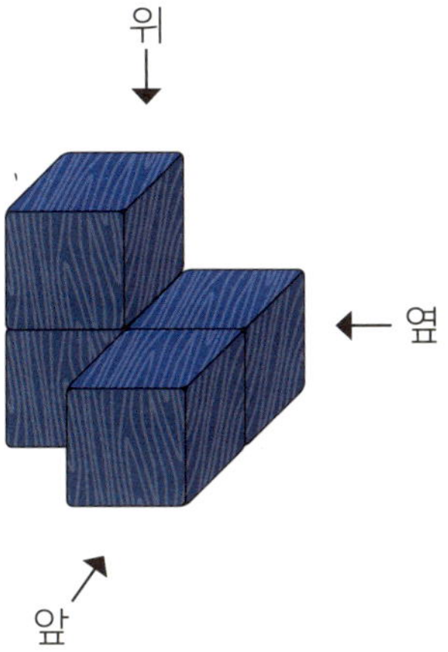

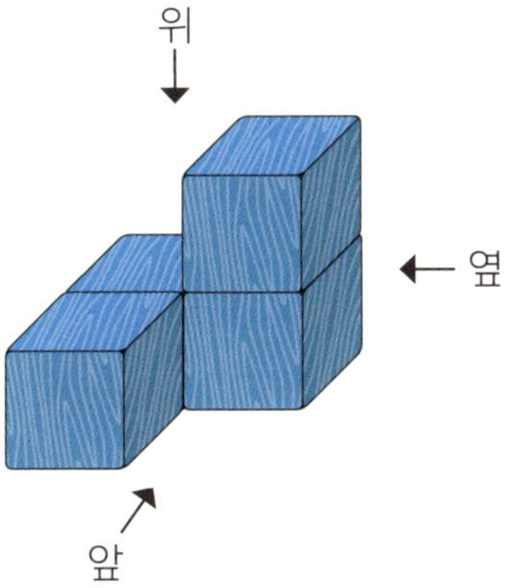

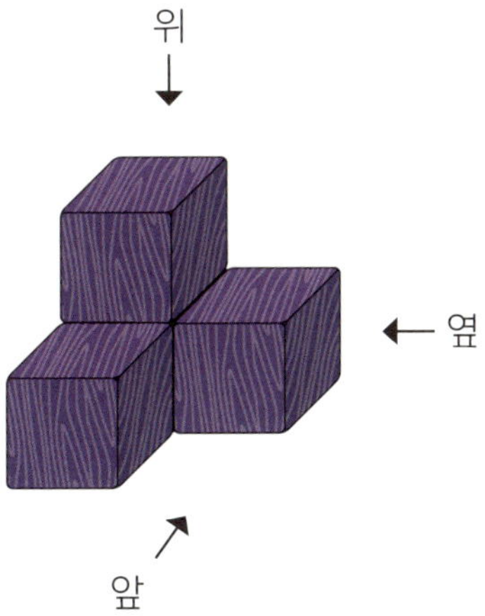

| 위에서 본 모양 | 앞에서 본 모양 | 옆에서 본 모양 |

13. 위, 앞, 옆에서 본 모양 2

도형

 다음은 소마큐브 조각을 위, 앞, 옆에서 본 모양을 표시한 것입니다. 모양을 맞추고 보기 처럼 표시해 보세요.

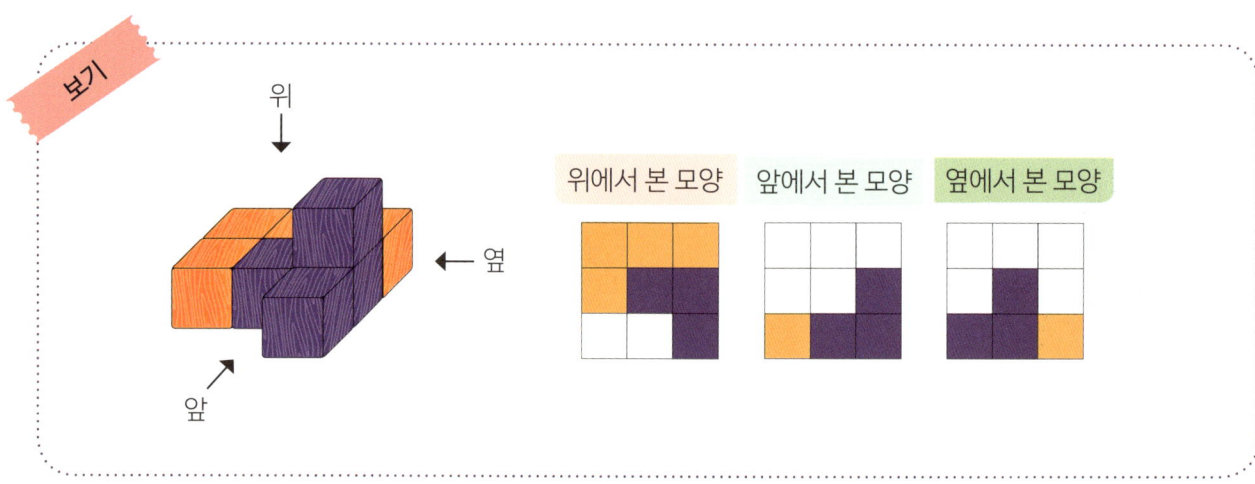

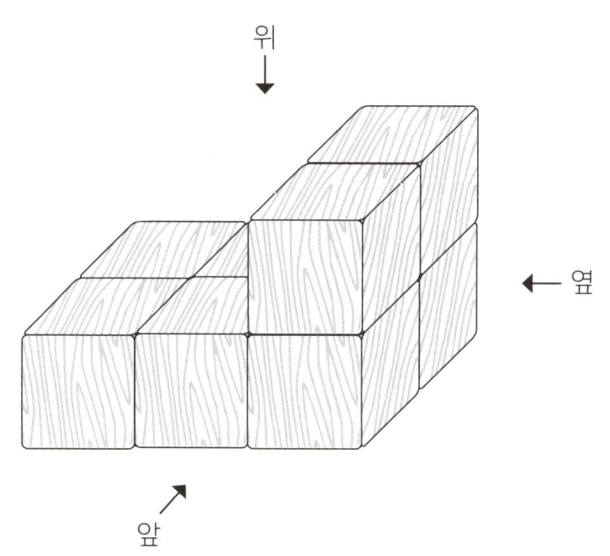

| 위에서 본 모양 | 앞에서 본 모양 | 옆에서 본 모양 |

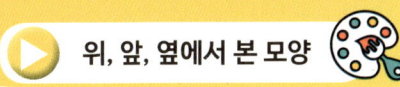

 다음은 소마큐브 조각을 위, 앞, 옆에서 본 모양을 표시한 것입니다. 모양을 맞추고, 표시해 보세요.

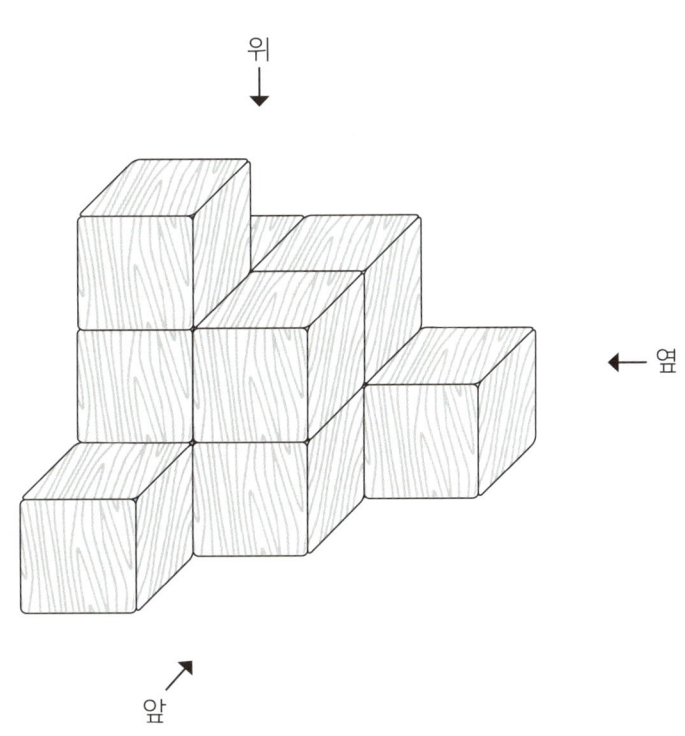

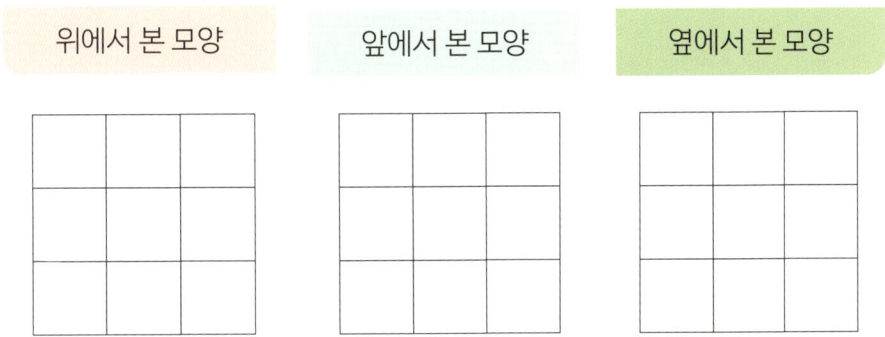

소마큐브 31

14. 4조각으로 만들기

 다음 모양을 만들고, 사용한 조각을 쓰고 색칠해 보세요.

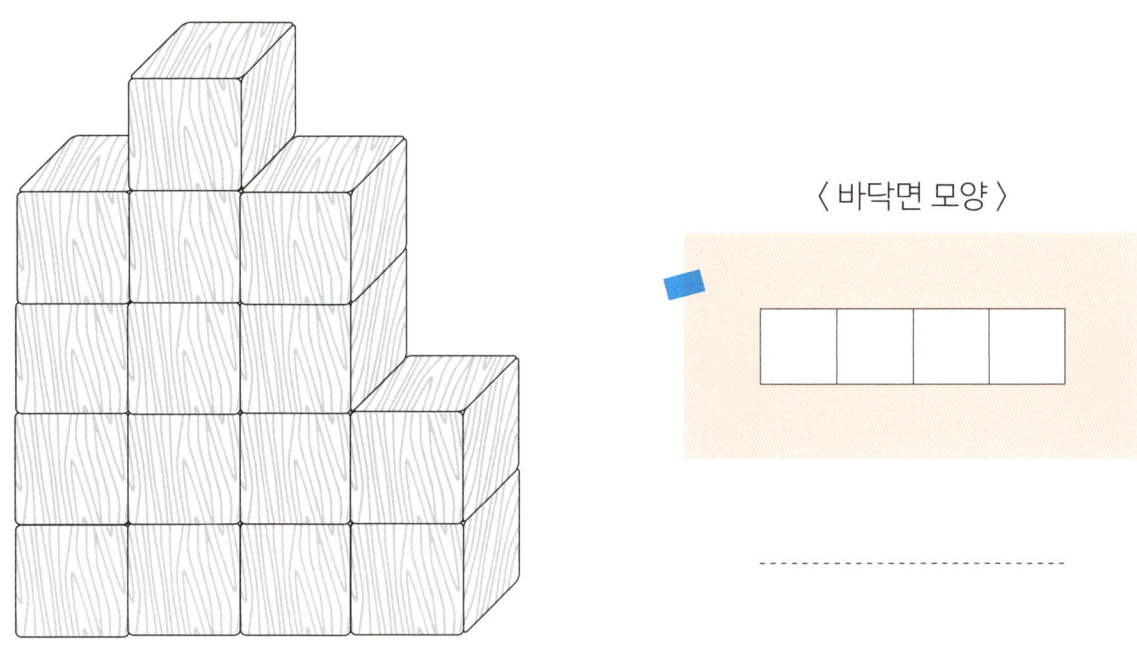

〈 바닥면 모양 〉

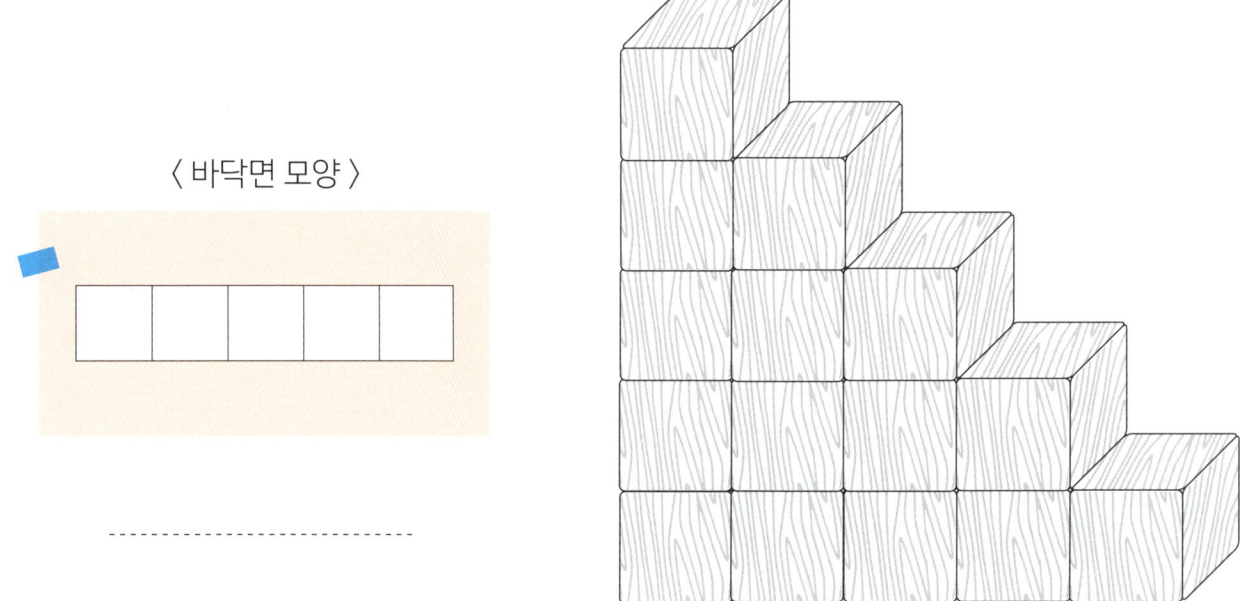

〈 바닥면 모양 〉

도형

 다음 모양을 만들고, 사용한 조각을 쓰고 색칠해 보세요.

〈 바닥면 모양 〉

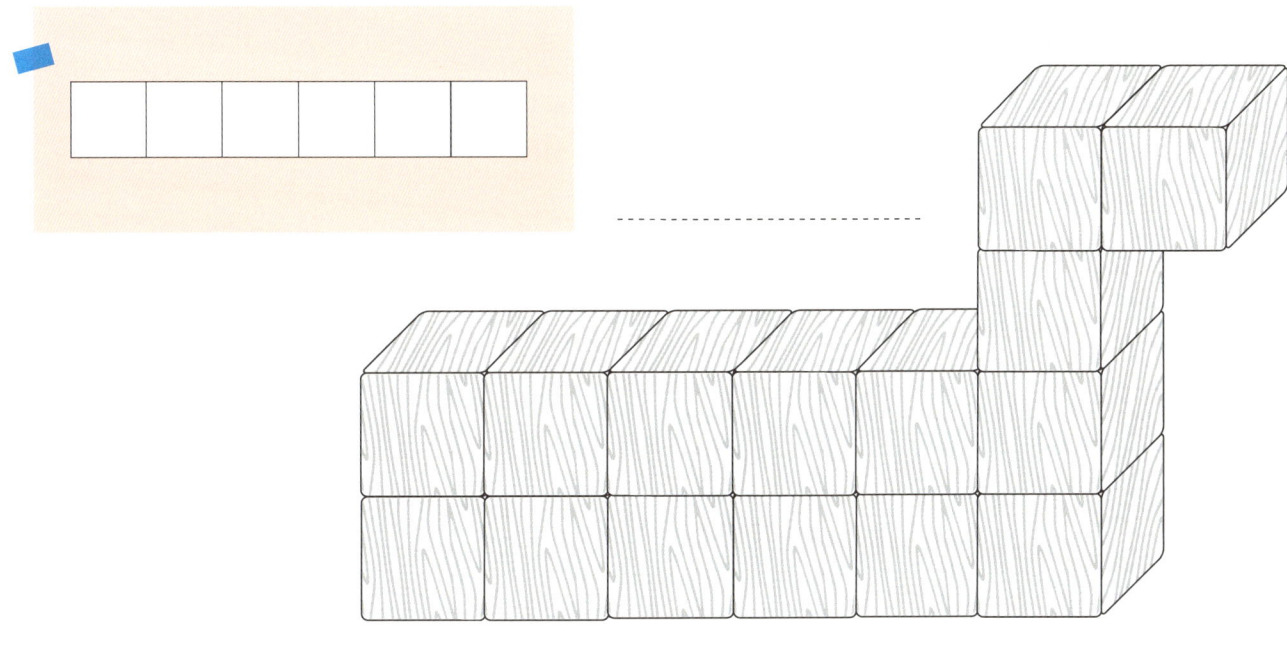

〈 바닥면 모양 〉

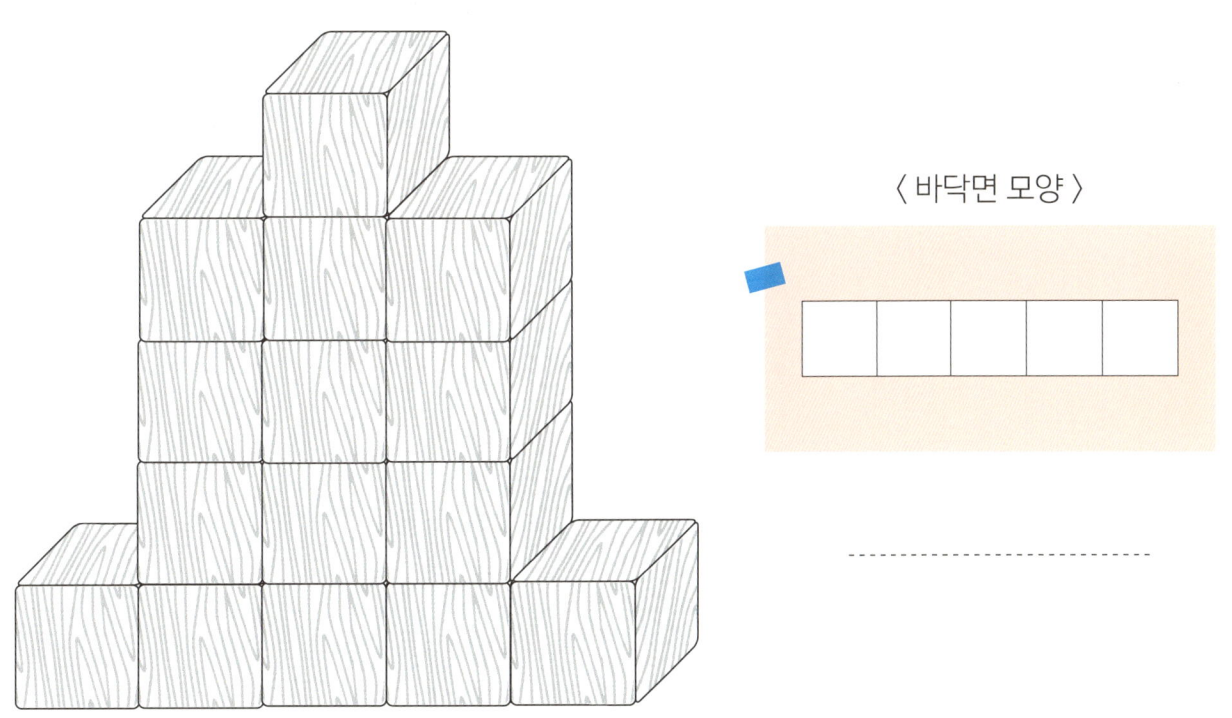

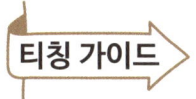 공통적으로 사용한 조각은 몇 번인지 생각해 봅니다.
안 보이는 곳에 튀어나온 곳이 없다고 생각합니다.

소마큐브

15. 4, 5조각으로 만들기

 도형

 다음 모양을 만들고, 사용한 조각을 표시해 보세요.

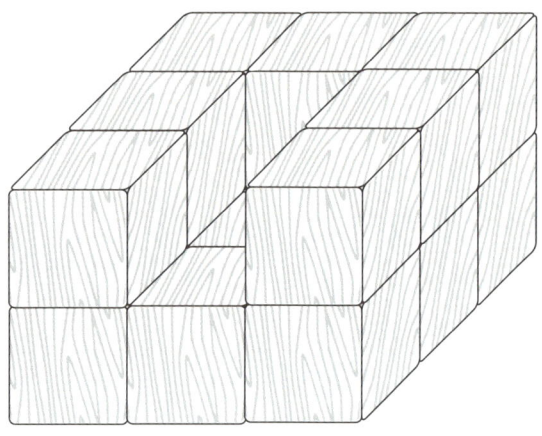

〈위에서 본 모양〉

 다음 모양을 만들고, 사용한 조각을 표시해 보세요.

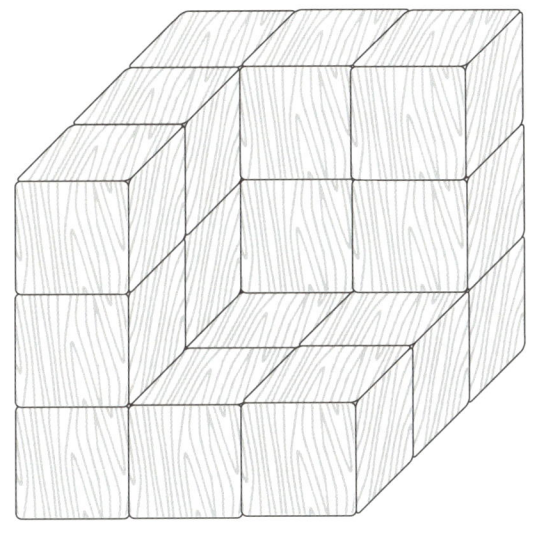

〈위에서 본 모양〉

소마큐브 35

16. 5조각으로 만들기

 도형

 다음 모양을 만들고, 사용한 조각을 표시해 보세요.

〈위에서 본 모양〉

 모양 만들기

 다음 모양을 만들고, 사용한 조각을 표시해 보세요.

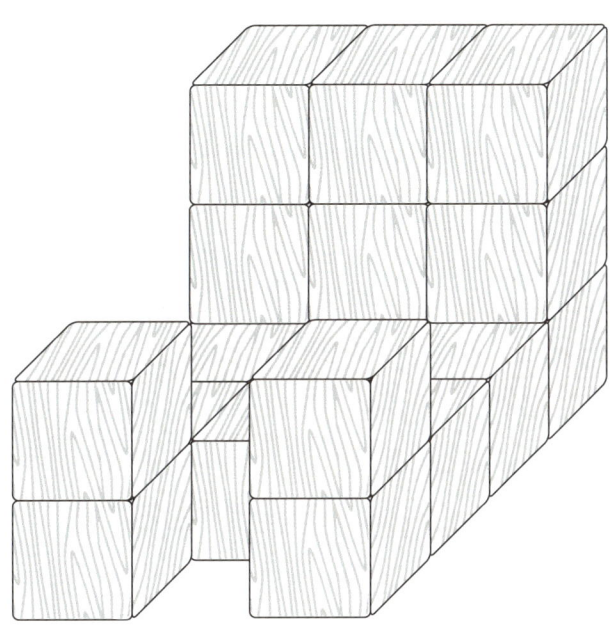

〈위에서 본 모양〉

소마큐브 **37**

17. 위, 앞, 옆에서 본 모양을 보고 입체 모양 만들기 1

 위, 앞, 옆에서 본 모양을 보고, 입체 모양을 만들어 보세요.

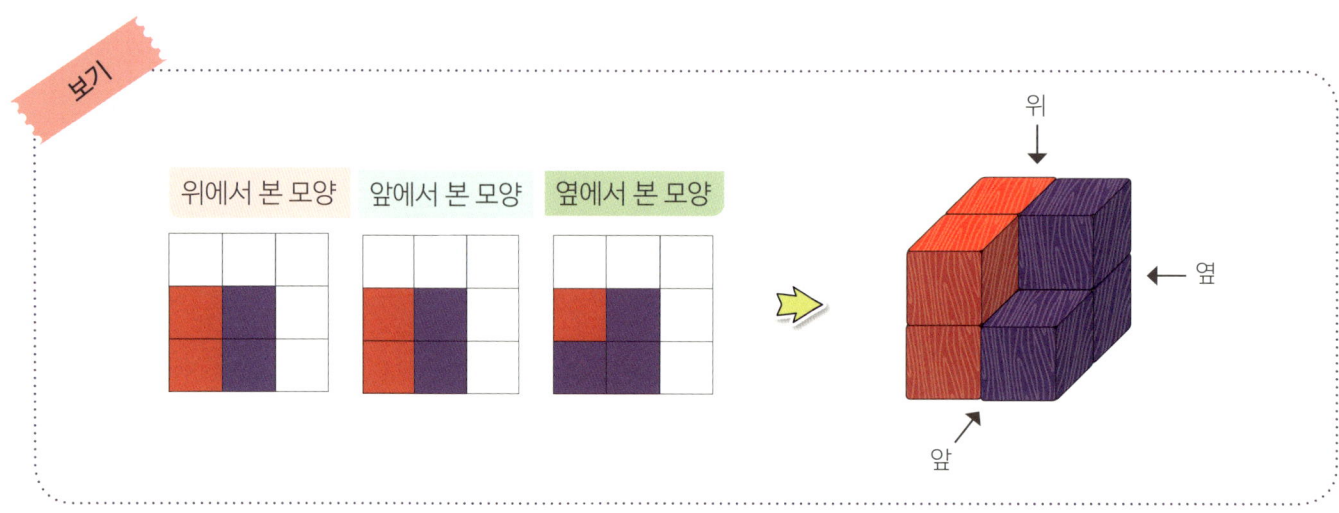

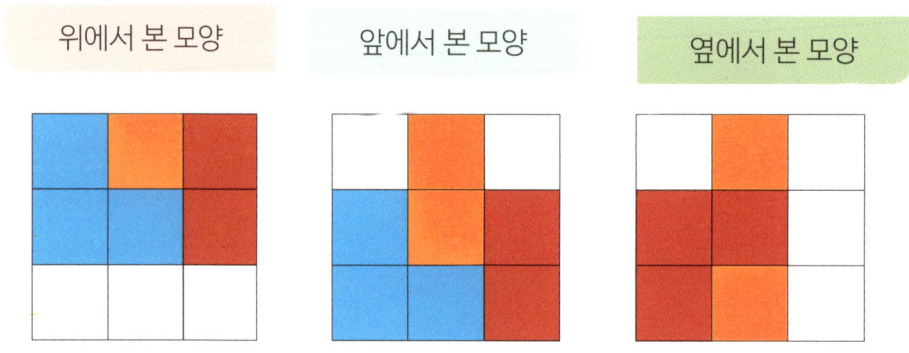

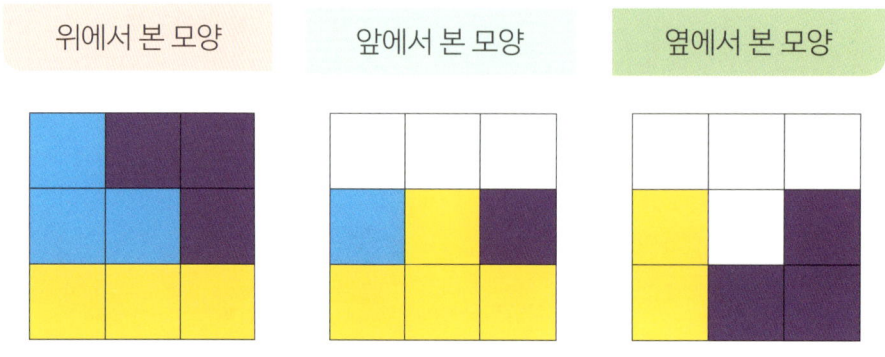

입체 모양

 위, 앞, 옆에서 본 모양을 보고, 입체 모양을 만들어 보세요.

| 위에서 본 모양 | 앞에서 본 모양 | 옆에서 본 모양 |

| 위에서 본 모양 | 앞에서 본 모양 | 옆에서 본 모양 |

| 위에서 본 모양 | 앞에서 본 모양 | 옆에서 본 모양 |

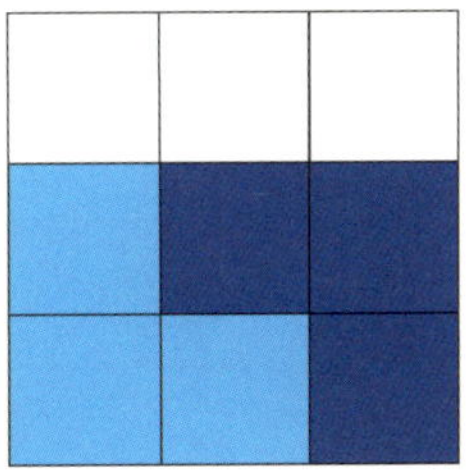

소마큐브 39

18. 높이 높이 탑 쌓기

다음 조각에 맞게 모양을 만들어 보세요.

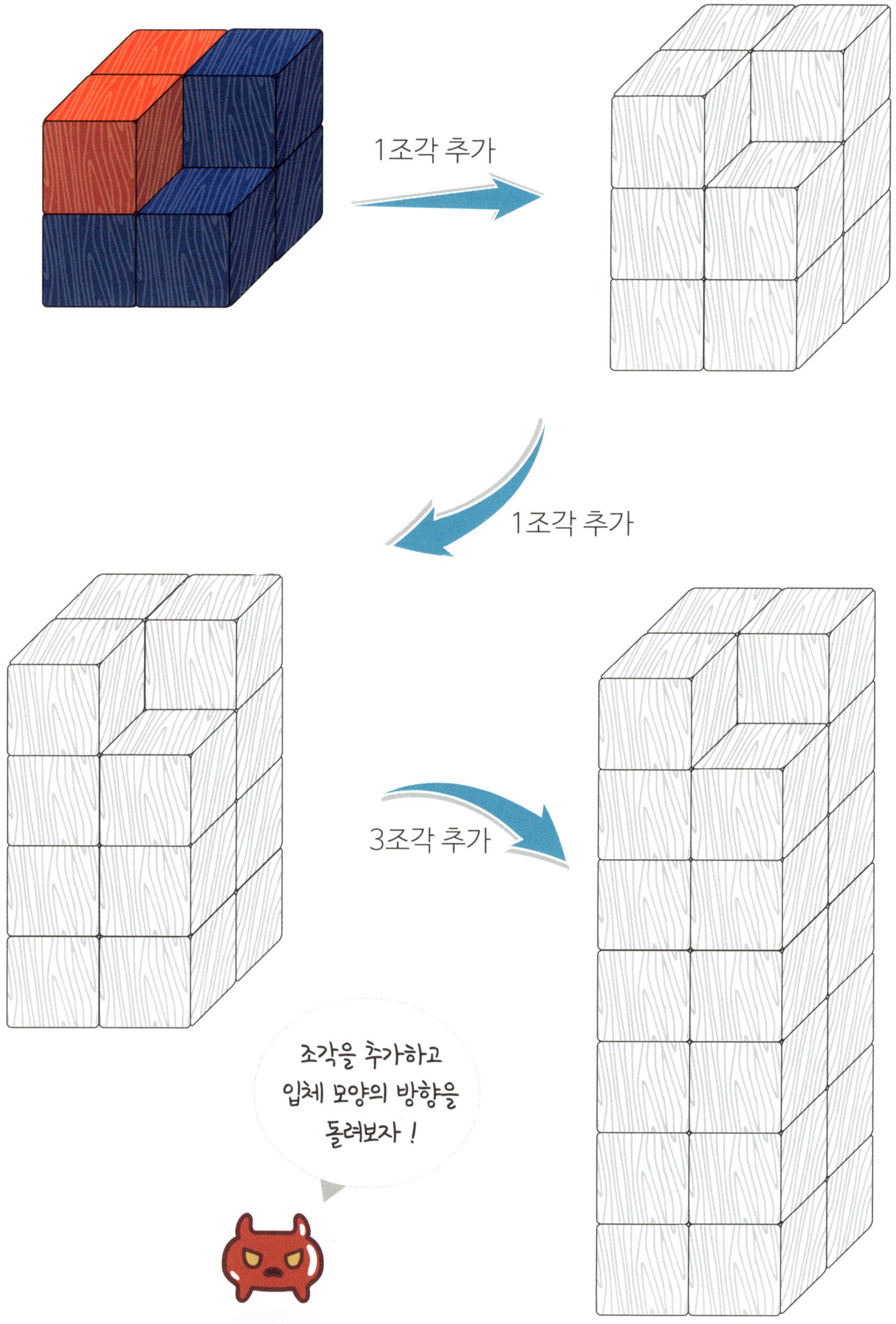

1조각 추가 →

← 1조각 추가

3조각 추가 →

조각을 추가하고 입체 모양의 방향을 돌려보자!

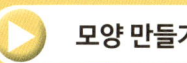 모양 만들기

 다음 조각에 맞게 모양을 만들어 보세요.

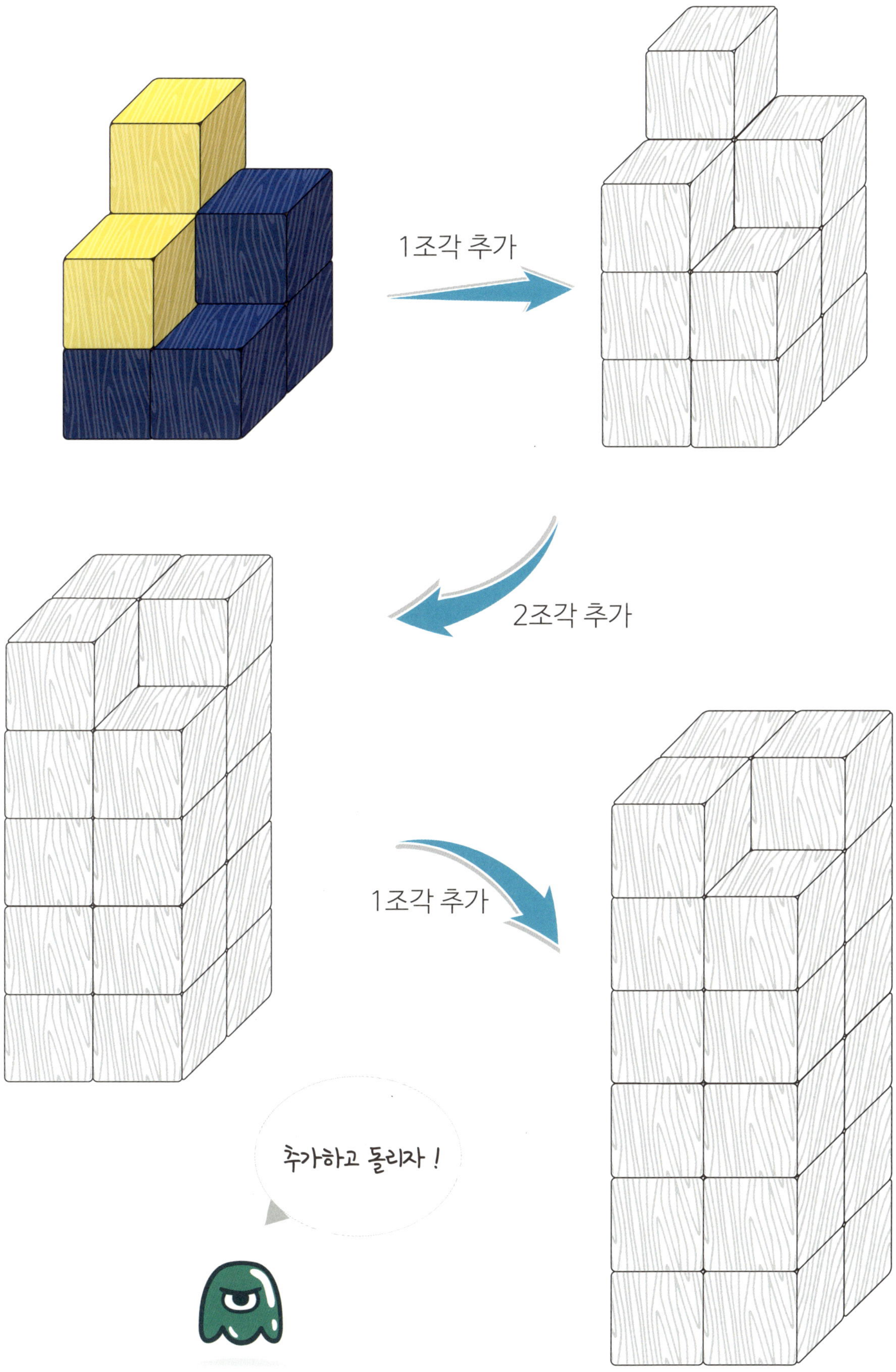

1조각 추가

2조각 추가

1조각 추가

추가하고 돌리자!

소마큐브 **41**

19. 5, 6조각으로 모양 만들기

 다음 모양을 소마큐브 조각으로 만들어 보세요.

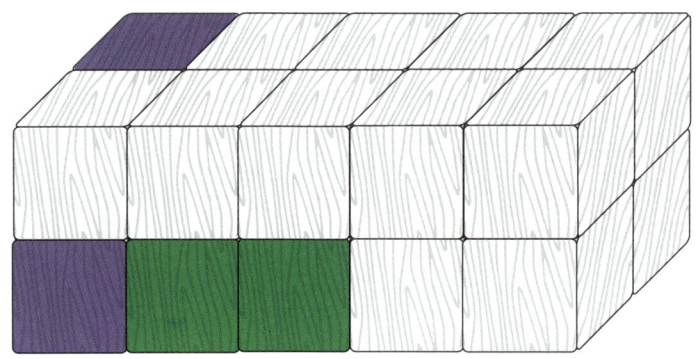

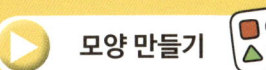

 다음 모양을 소마큐브 조각으로 만들어 보세요.

20. 위, 앞, 옆에서 본 모양을 보고 입체 모양 만들기 2

다음 위, 앞, 옆 모양을 보고, 입체 모양을 만들어 보세요.

| 위에서 본 모양 | 앞에서 본 모양 | 옆에서 본 모양 |

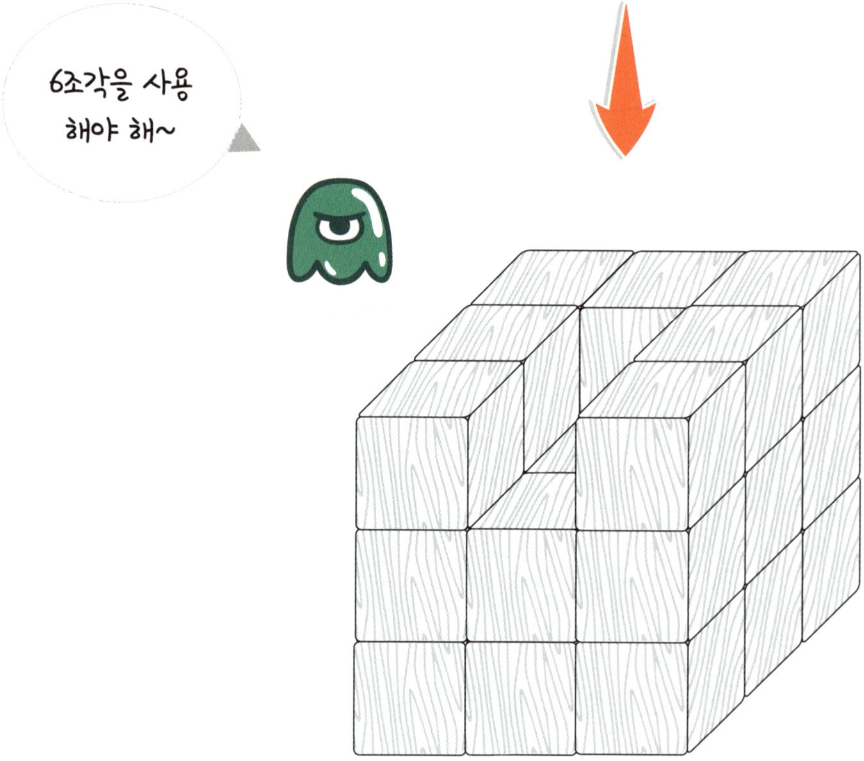

6조각을 사용해야 해~

 다음 위, 앞, 옆 모양을 보고, 입체 모양을 만들어 보세요.

| 위에서 본 모양 | 앞에서 본 모양 | 옆에서 본 모양 |

정육면체 만드는 방법은 다른 방법도 많으니 찾아보자!

7조각으로 만들어 보자!

소마큐브 45

정답
제시된 답 외에도 다른 답이 있을 수 있습니다.

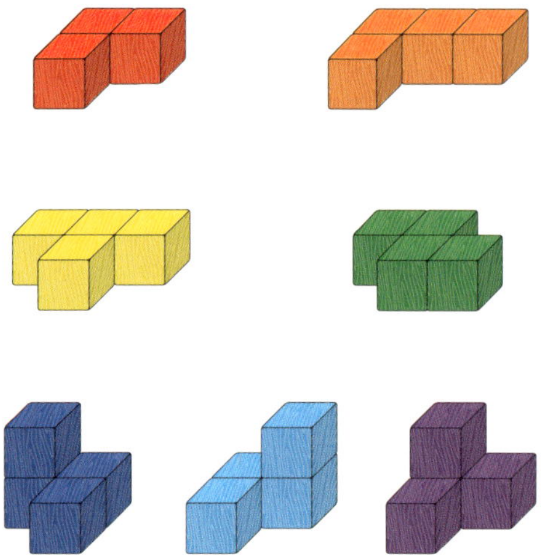

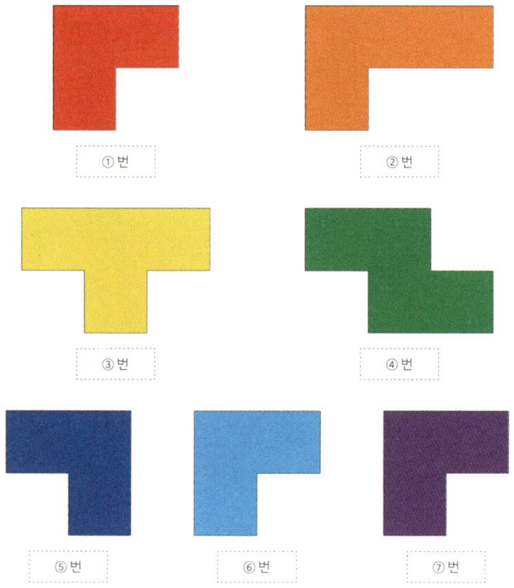

p.6 1. 소마큐브 구성 알기

p.7

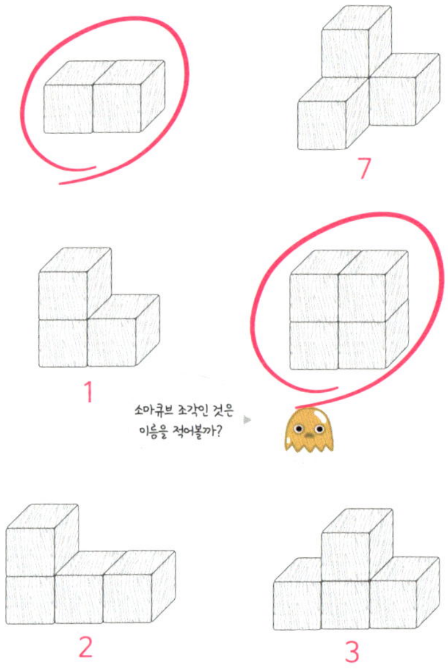

p.8 2. 소마큐브 조각 익히기 1

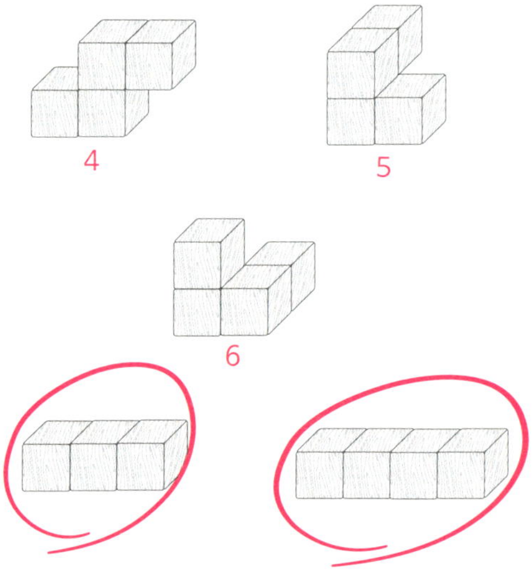

p.9

p.10

3. 소마큐브 조각 익히기 2

탐색

소마큐브 조각을 잘 살펴보세요. 모두 1번 조각에 1개의 쌓기나무를 붙이면 다른 조각 친구가 됩니다. 어떻게 붙이면 될까요? 새롭게 붙인 쌓기나무를 표시해 보세요.

보기

2번

3

4

p.11

탐색

소마큐브 조각을 잘 살펴보세요. 모두 1번 조각에 1개의 쌓기나무를 붙이면 다른 조각 친구가 됩니다. 어떻게 붙이면 될까요? 새롭게 붙인 쌓기나무를 표시해 보세요.

6

어떤 조각이 되는지 써보자.

5

7

p.12

4. 소마큐브 조각 익히기 3

도형

다음 모양을 보고, 몇 번 조각인지 써 보세요.

3 1 4

2 3 4

p.13

예상과 확인

다음 모양을 보고, 몇 번 조각인지 써 보세요.

5 6 7

6 5 6

티칭 가이드 충분한 탐색 후 교구 없이 몇 번 조각인지 예상해서 번호를 적어 봅니다. 교구를 가지고 조각을 돌려가면서 맞는지 확인합니다.

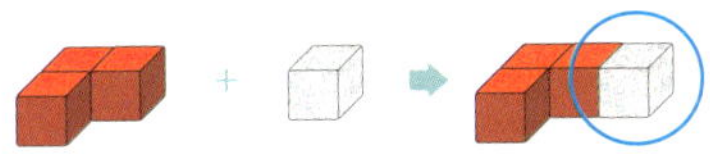

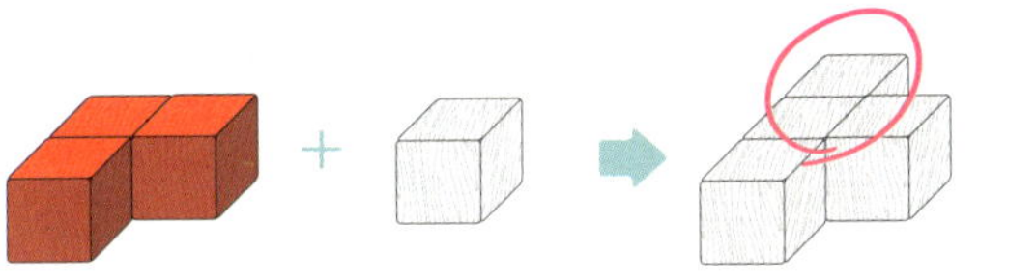

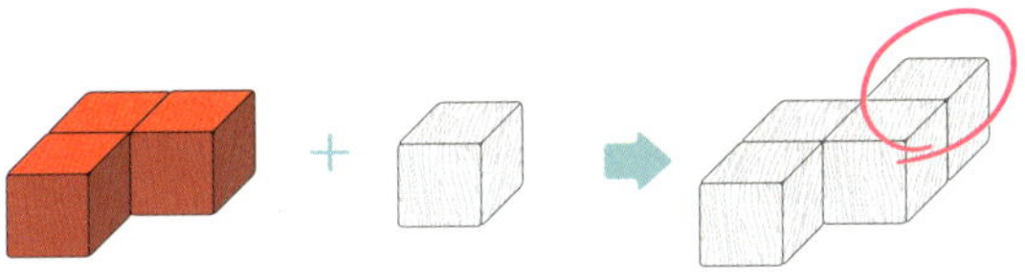

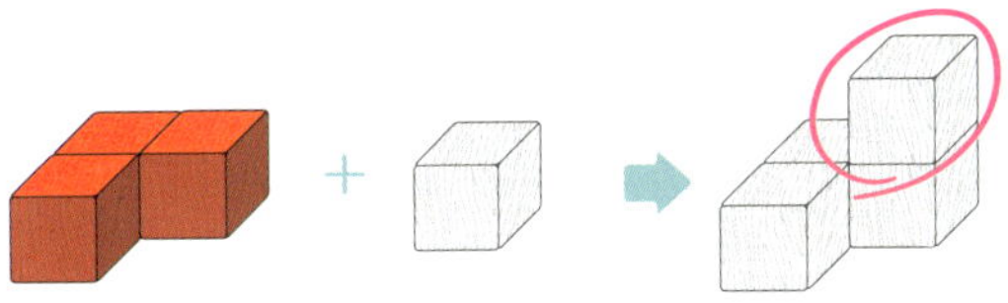

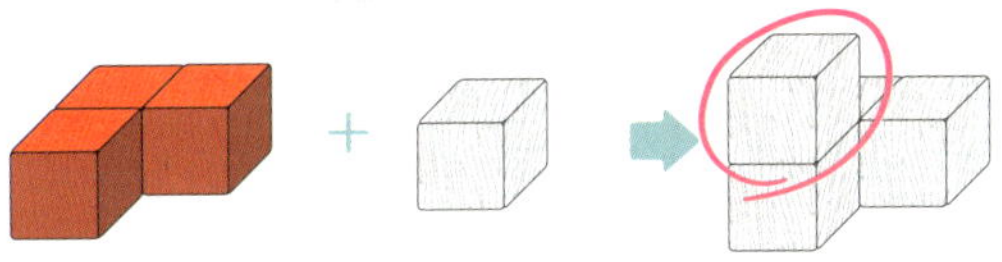

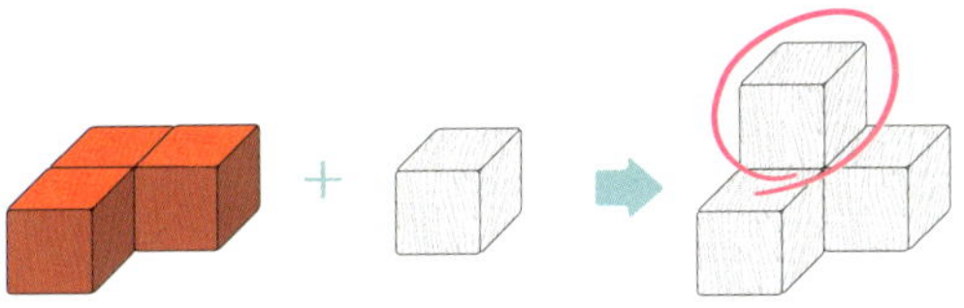

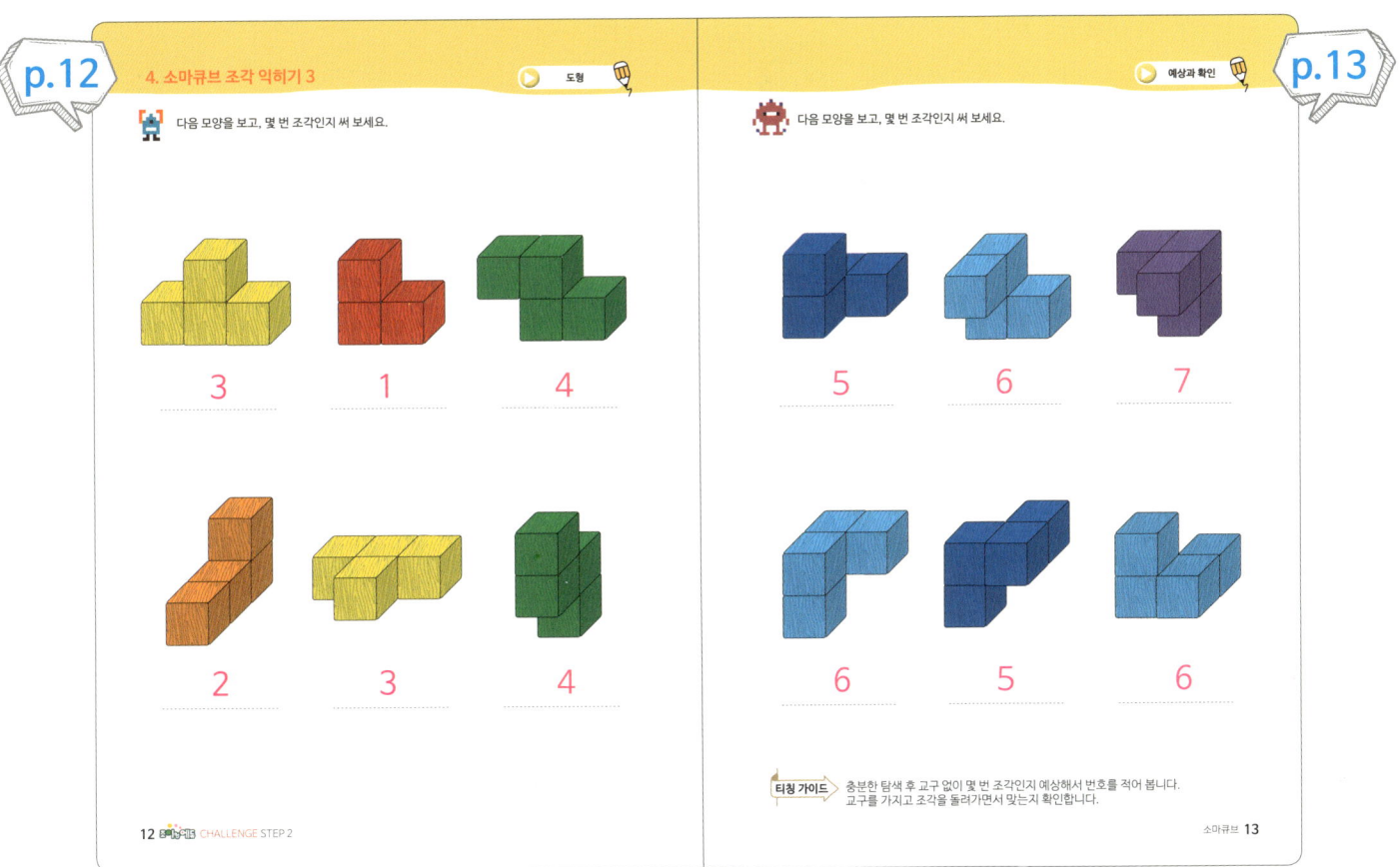

정답

p.14

5. 1번 조각 사용하여 맞추기

도형

다음 모양은 1번 조각을 공통으로 모두 사용했어요. 맞춘 후 조각별로 색칠해 보세요.

보기

사용한 조각	1번, 2번

사용한 조각	1, 2

사용한 조각	1, 3

p.15

모양 맞추기

다음 모양은 1번 조각을 공통으로 모두 사용했어요. 맞춘 후 조각별로 색칠해 보세요.

사용한 조각	1, 2, 4

사용한 조각	1, 4, 6

사용한 조각	1, 2, 7

안 보이는 곳에 튀어나오거나 구멍이 없다고 생각하고 풀어 보자!

p.16

6. 2조각으로 만들기

도형

다음 모양을 만드는 데 필요한 쌓기나무의 개수를 구하고, 모양을 맞춘 후 조각별로 색칠해 보세요.

쌓기나무의 개수	8개
사용한 조각	5, 6

쌓기나무의 개수	8개
사용한 조각	2, 3

p.17

모양 맞추기

다음 모양을 만드는 데 필요한 쌓기나무의 개수를 구하고, 모양을 맞춘 후 조각별로 색칠해 보세요.

쌓기나무의 개수	8개
사용한 조각	2, 6

쌓기나무의 개수	8개
사용한 조각	4, 7

티칭 가이드 입체 모양을 만들 때, 안 보이는 곳에는 빈 구멍이 없고, 튀어나온 곳도 없다고 약속합니다.

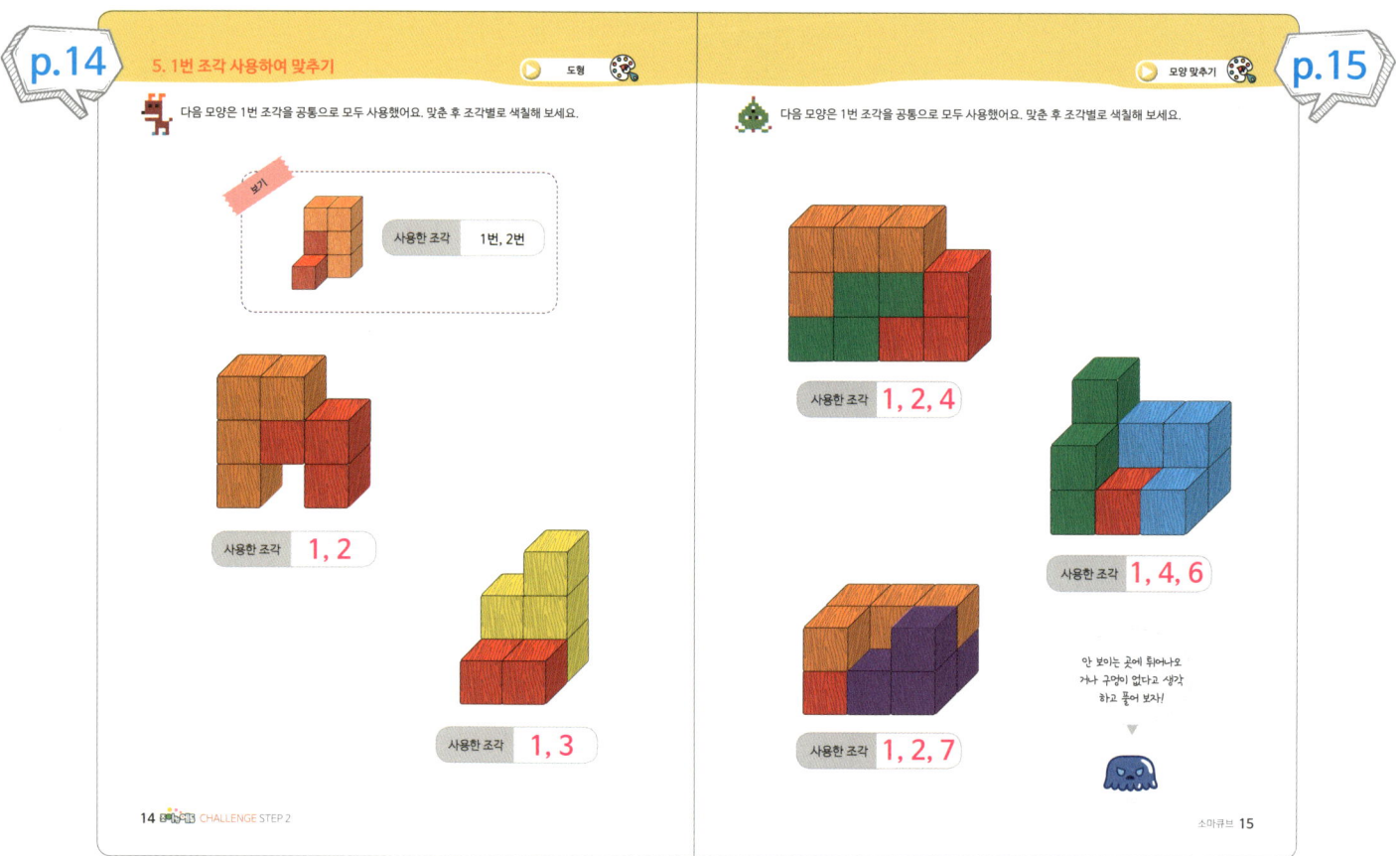

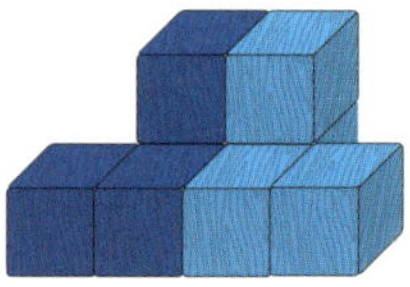

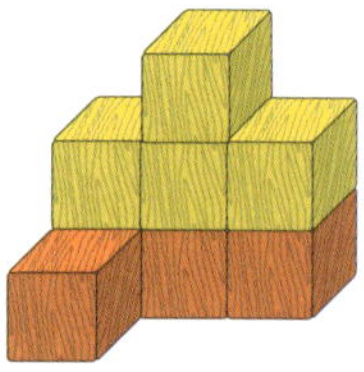

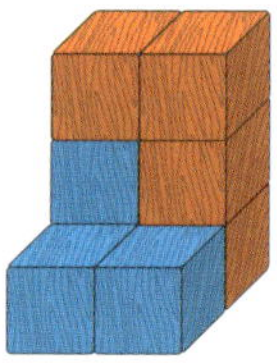

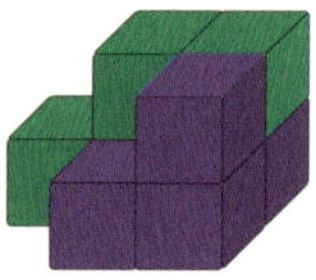

p.18

7. 조각 놓아보기

도형

소마큐브 7조각을 면과 면이 만나도록 하여 모양을 채워보세요. 이때 모든 조각들은 바닥에 한 면이라도 닿아야 하고, 조각들은 눕히거나 세울 수 있으며, 굵은 테두리를 벗어나면 안됩니다.

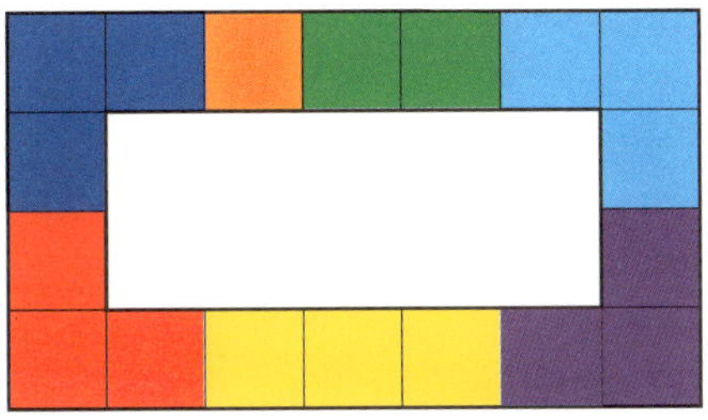

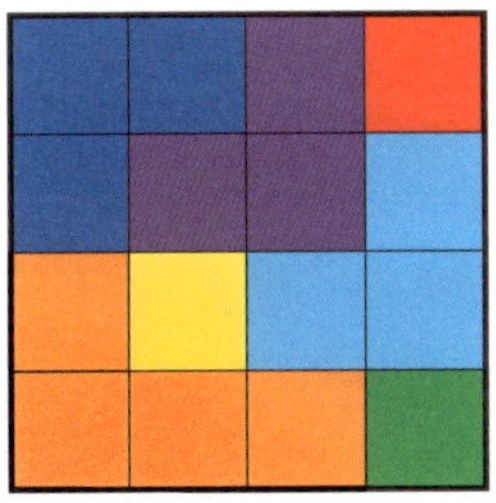

18 CHALLENGE STEP 2

p.19

모양 맞추기

소마큐브 7조각을 면과 면이 만나도록 하여 모양을 채워보세요. 이때 모든 조각들은 바닥에 한 면이라도 닿아야 하고, 조각들은 눕히거나 세울 수 있으며, 굵은 테두리를 벗어나면 안됩니다.

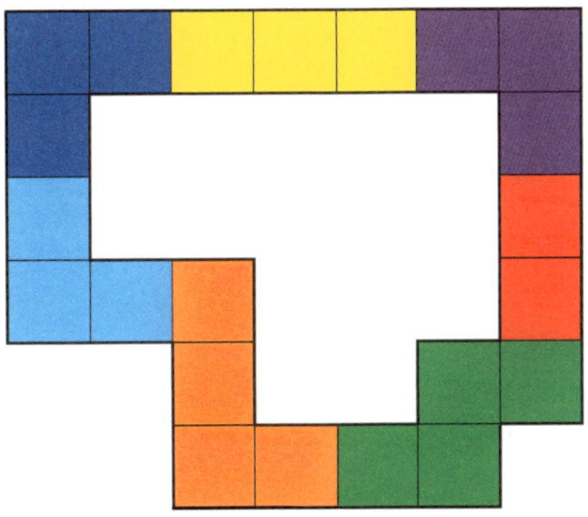

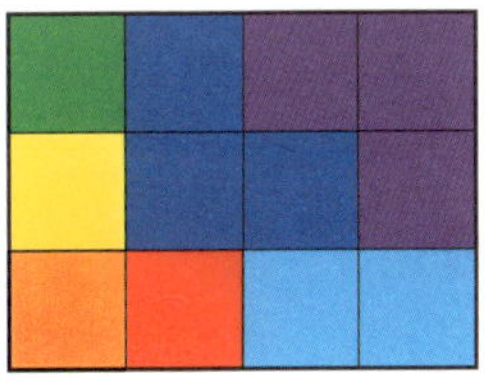

소마큐브 19

p.20

8. 2, 3조각으로 만들기 1

도형

왼쪽에 주어진 조각으로 만들 수 있는 오른쪽 모양을 찾아 선으로 연결해 보세요.

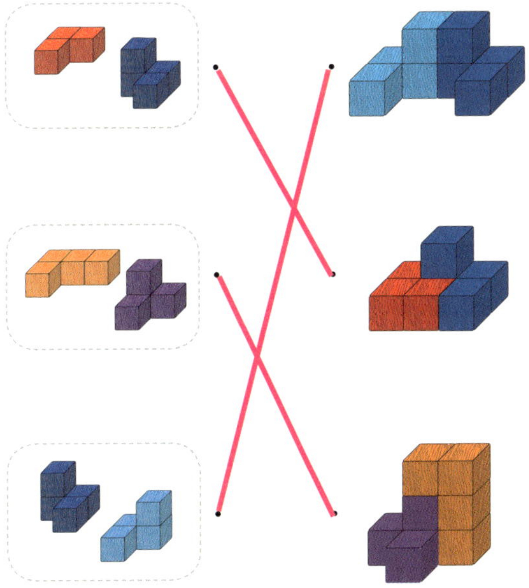

20 CHALLENGE STEP 2

p.21

모양 맞추기

왼쪽에 주어진 조각으로 만들 수 있는 오른쪽 모양을 찾아 선으로 연결해 보세요.

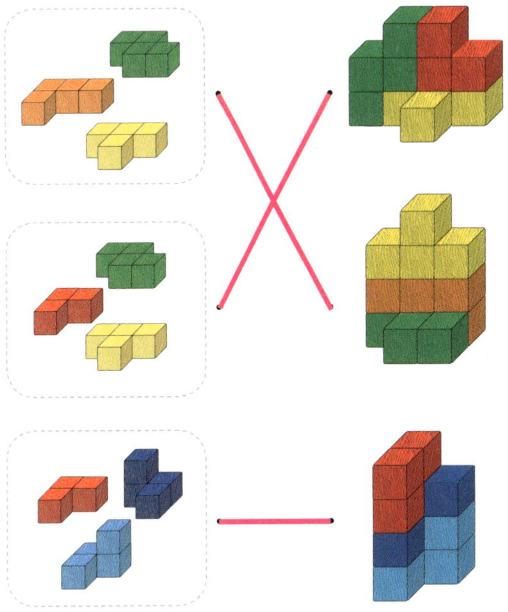

소마큐브 21

정답

p.22 9. 2, 3조각으로 만들기 2

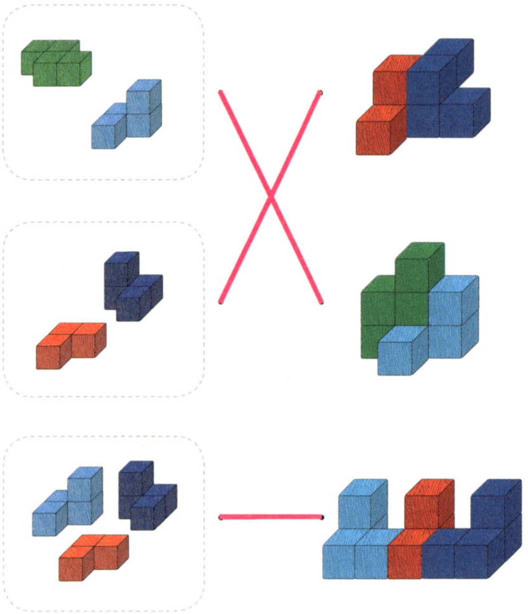

p.23 모양 맞추기

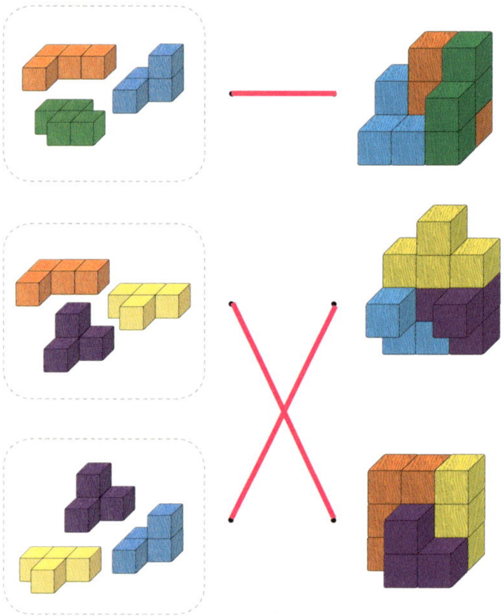

p.24 10. 같은 모양을 여러 가지 방법으로 만들기 1

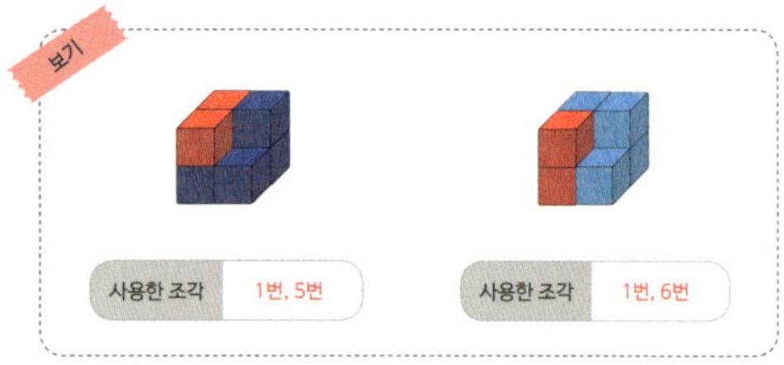

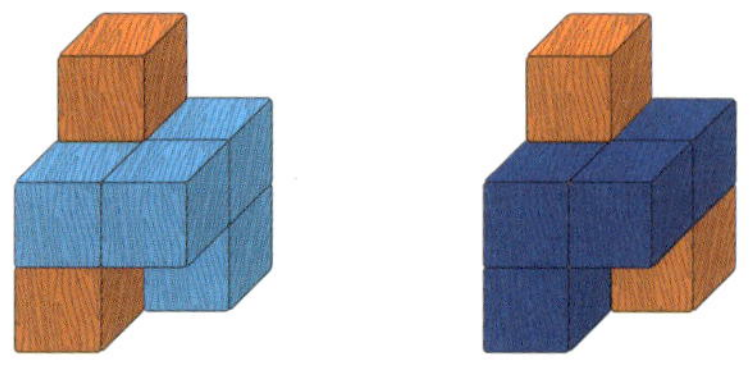

p.25 합동 모양 만들기

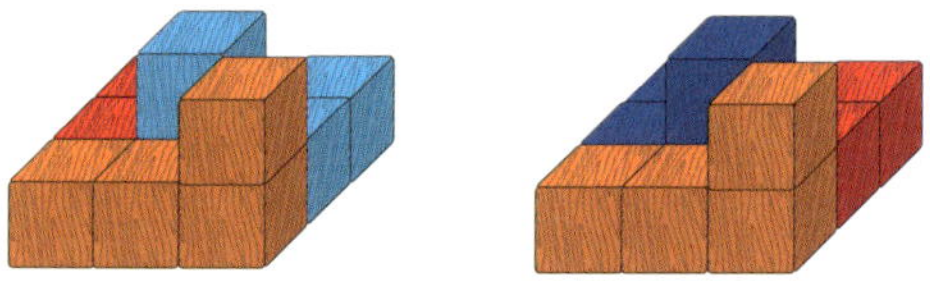

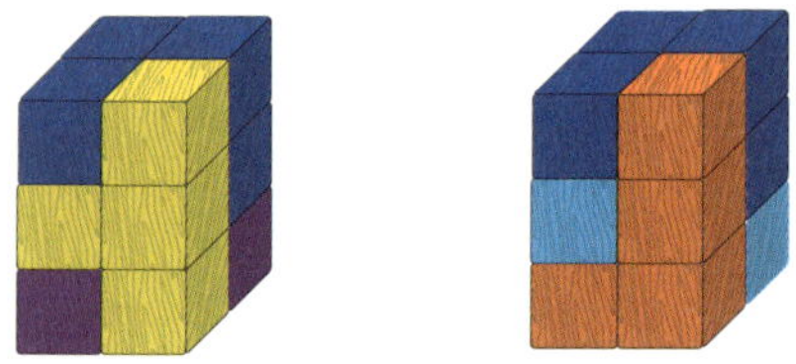

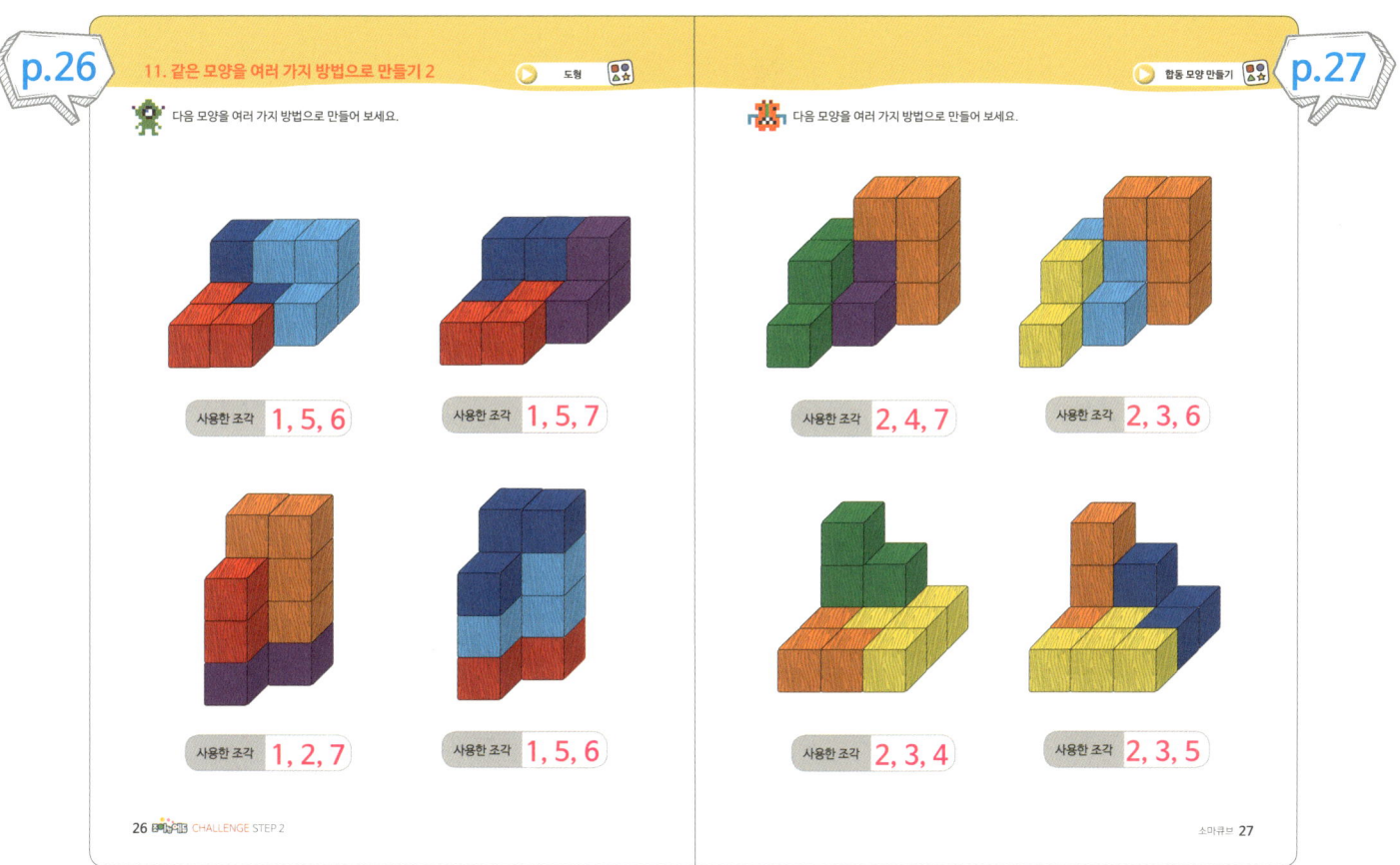

정답

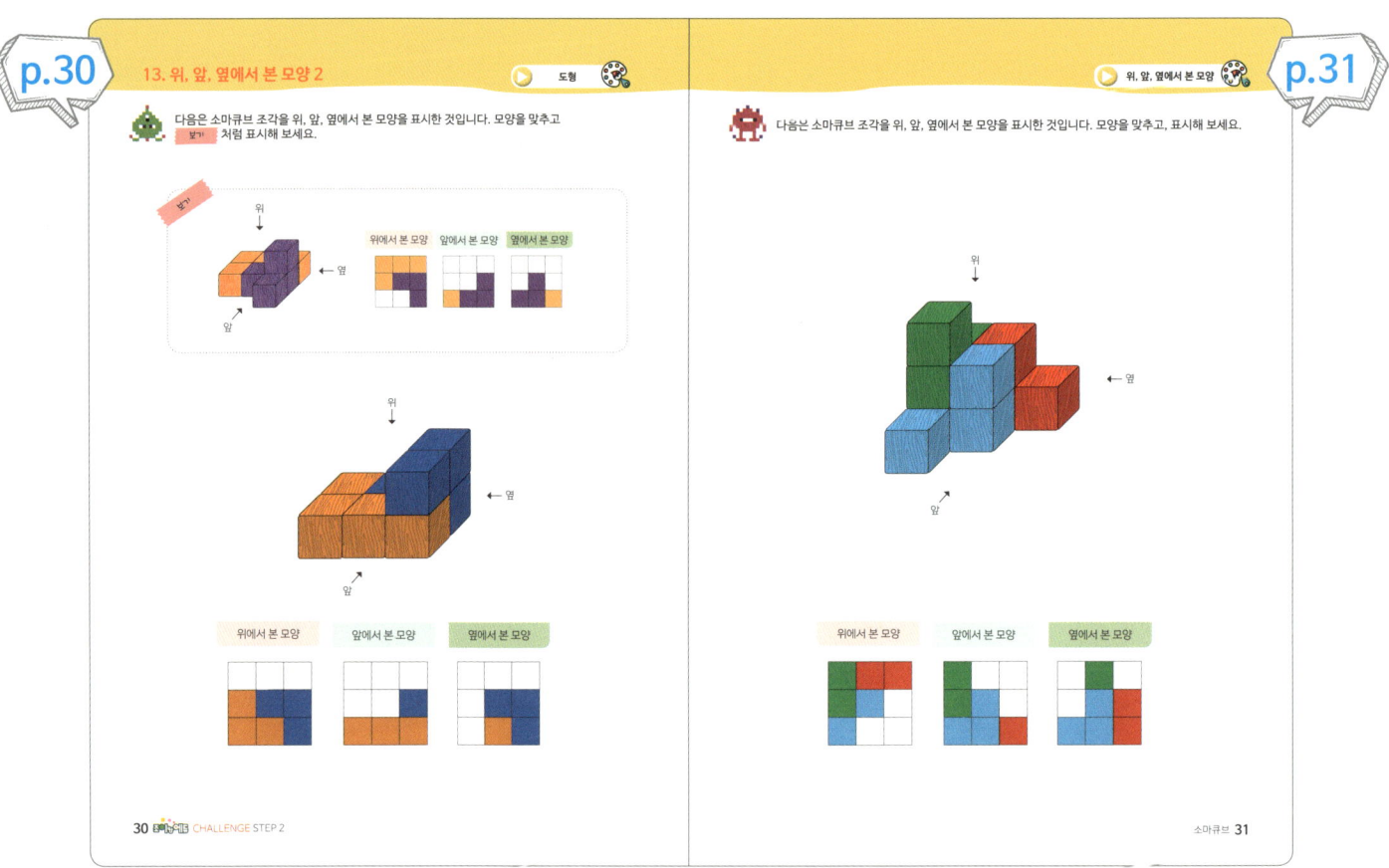

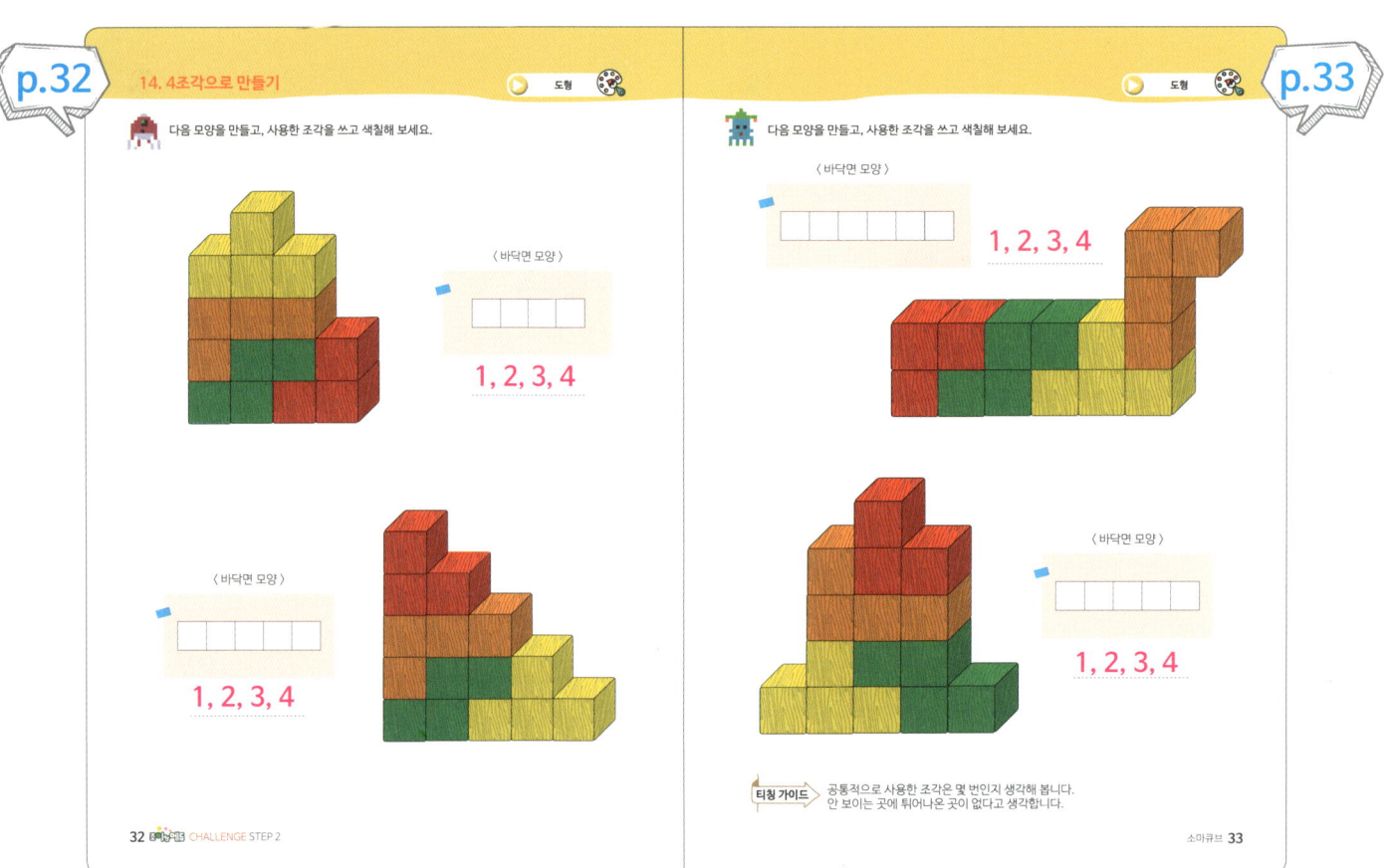

p.34

15. 4, 5조각으로 만들기 　　　　도형

다음 모양을 만들고, 사용한 조각을 표시해 보세요.

〈위에서 본 모양〉

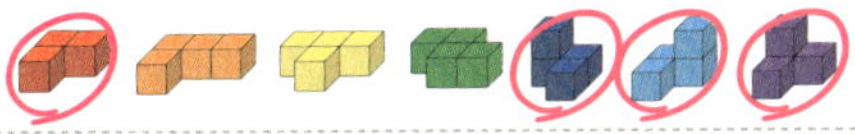

p.35 　모양 만들기

다음 모양을 만들고, 사용한 조각을 표시해 보세요.

〈위에서 본 모양〉

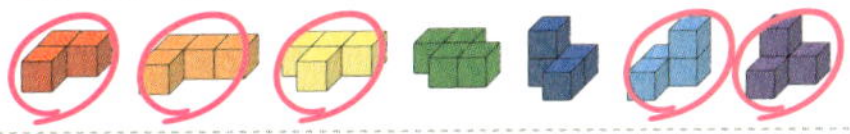

p.36

16. 5조각으로 만들기 　　　　도형

다음 모양을 만들고, 사용한 조각을 표시해 보세요.

〈위에서 본 모양〉

p.37 　모양 만들기

다음 모양을 만들고, 사용한 조각을 표시해 보세요.

〈위에서 본 모양〉

소마큐브 53

정답

p.38

17. 위, 앞, 옆에서 본 모양을 보고 입체 모양 만들기 1

도형

위, 앞, 옆에서 본 모양을 보고, 입체 모양을 만들어 보세요.

보기

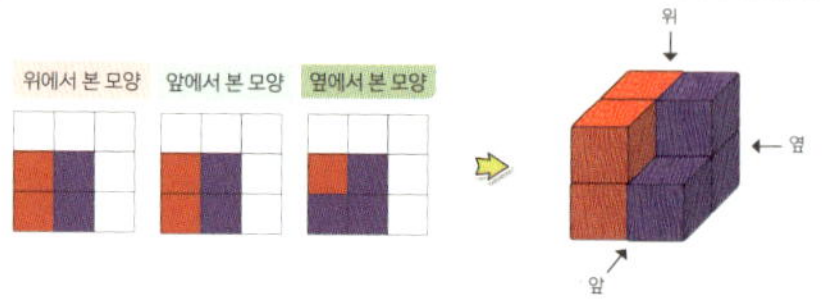

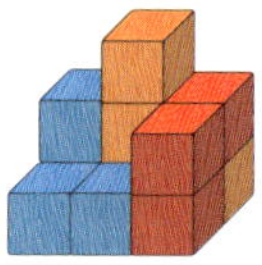

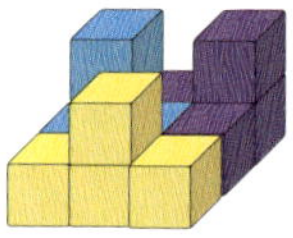

38 CHALLENGE STEP 2

p.39

입체 모양

위, 앞, 옆에서 본 모양을 보고, 입체 모양을 만들어 보세요.

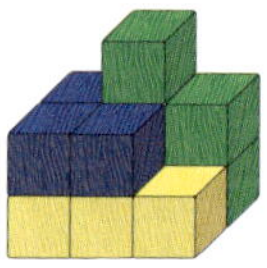

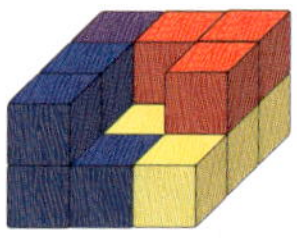

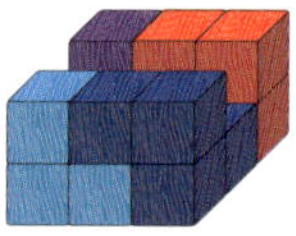

소마큐브 39

p.40

18. 높이 높이 탑 쌓기

도형

다음 조각에 맞게 모양을 만들어 보세요.

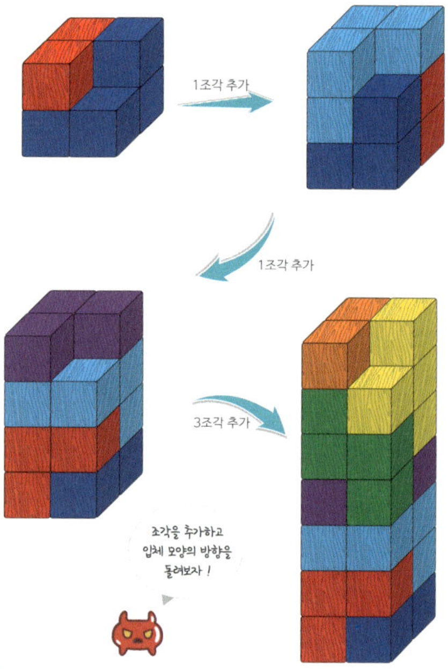

40 CHALLENGE STEP 2

p.41

모양 만들기

다음 조각에 맞게 모양을 만들어 보세요.

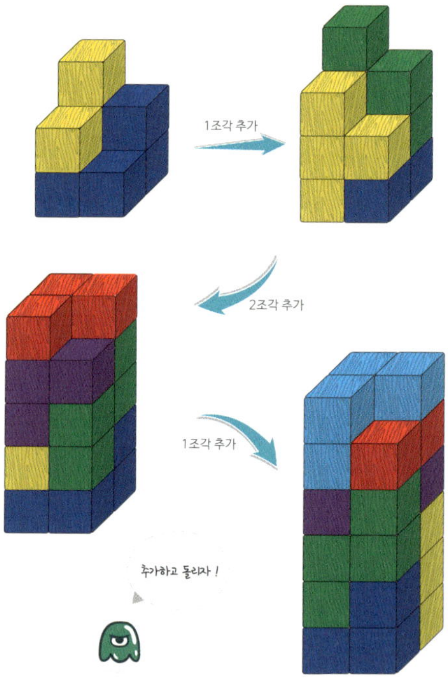

소마큐브 41

p.42

19. 5, 6조각으로 모양 만들기

도형

다음 모양을 소마큐브 조각으로 만들어 보세요.

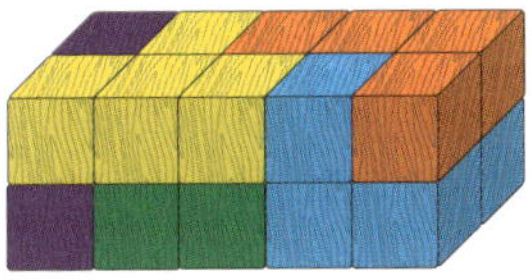

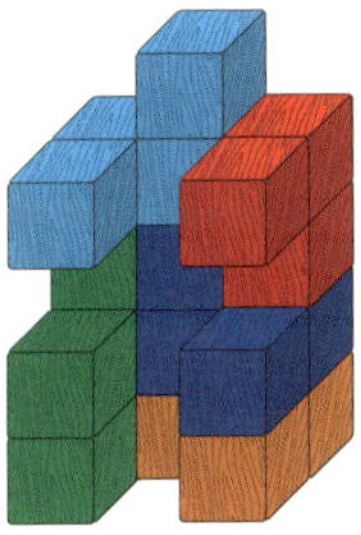

42 CHALLENGE STEP 2

p.43

모양 만들기

다음 모양을 소마큐브 조각으로 만들어 보세요.

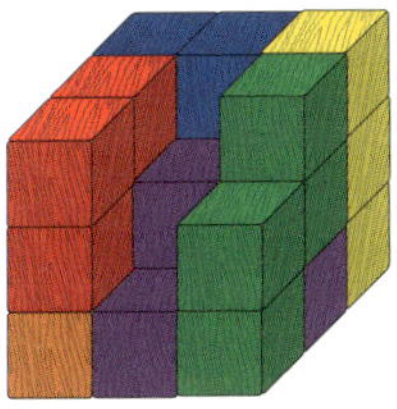

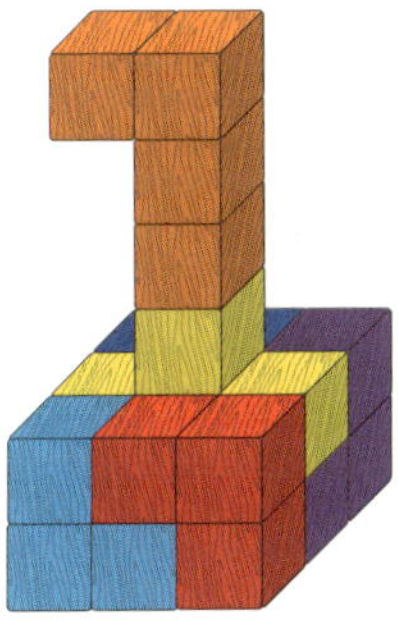

소마큐브 43

p.44

20. 위, 앞, 옆에서 본 모양을 보고 입체 모양 만들기 2

도형

다음 위, 앞, 옆 모양을 보고, 입체 모양을 만들어 보세요.

위에서 본 모양 앞에서 본 모양 옆에서 본 모양

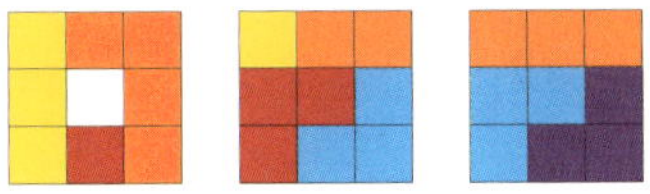

6조각을 사용
해야 해~

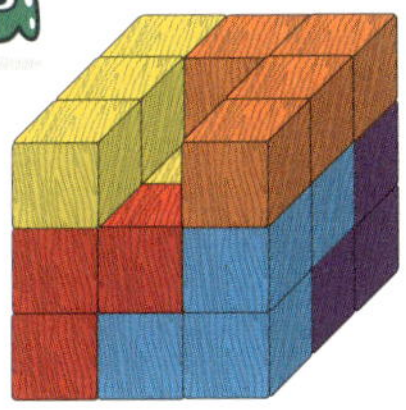

안보이는 곳에 5번 조각이
놓입니다.

44 CHALLENGE STEP 2

p.45

모양 만들기

다음 위, 앞, 옆 모양을 보고, 입체 모양을 만들어 보세요.

위에서 본 모양 앞에서 본 모양 옆에서 본 모양

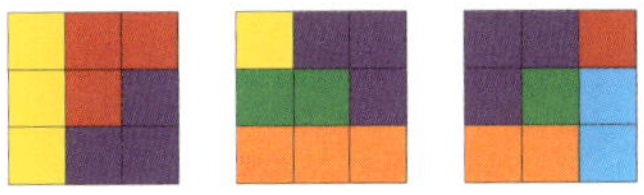

정육면체 만드는 방법은
다른 방법도 많으니
찾아보자 !

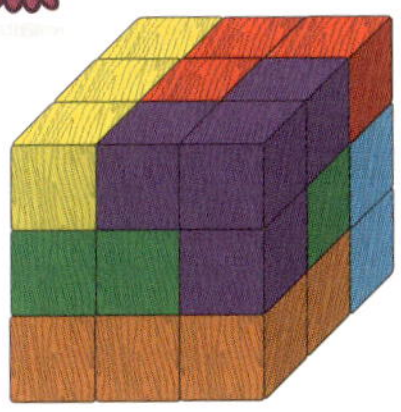

7조각으로 만들어
보자 !

소마큐브 45

MEMO

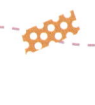